JOURNAL HISTORIQUE

DU VOYAGE

DE M. DE LESSEPS.

PARTIE II.

JOURNAL HISTORIQUE

DU VOYAGE

DE M. DE LESSEPS,

Conful de France, employé dans l'expédition de M. le comte de la Péroufe, en qualité d'interprète du Roi;

Depuis l'inftant où il a quitté les frégates Françoifes au port Saint-Pierre & Saint-Paul du Kamtfchatka, jufqu'à fon arrivée en France, le 17 octobre 1788.

SECONDE PARTIE.

A PARIS,

DE L'IMPRIMERIE ROYALE.

M. D C C X C.

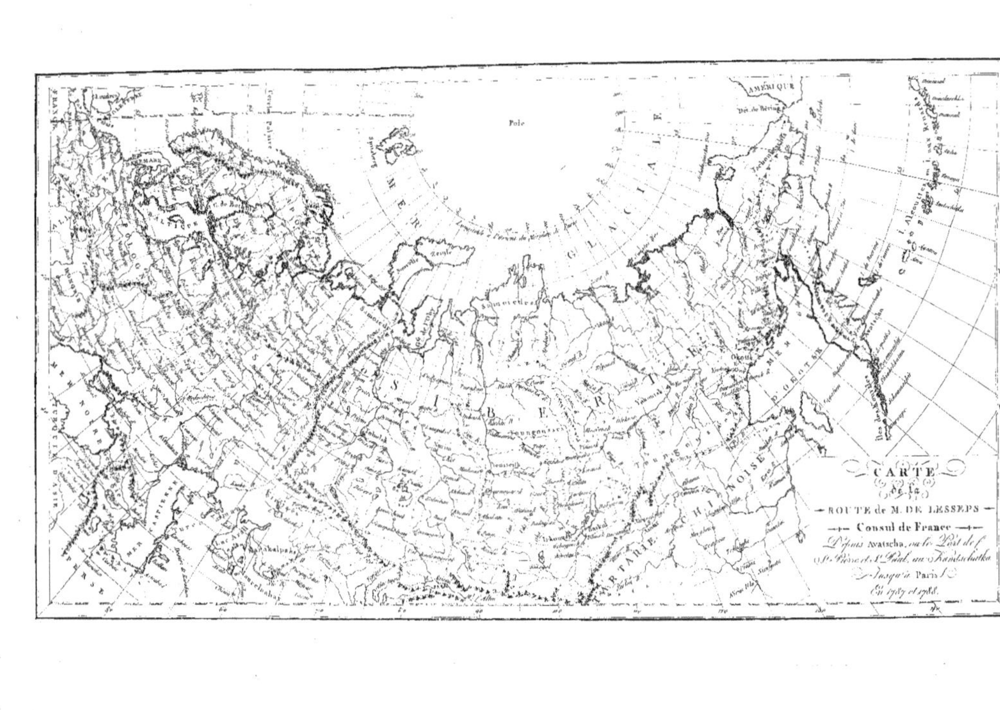

CARTE
de la
ROUTE de M. DE LESSEPS
Consul de France
Depuis Avatscha, ou le Port de
S.t Pierre et S.t Paul, au Kamtschatka
Jusqu'à Paris
En 1787 et 1788.

JOURNAL HISTORIQUE

DU VOYAGE

DE M. DE LESSEPS,

DU KAMTSCHATKA EN FRANCE.

ENFIN le 18 arriva, & je pris congé de M. Kasloff. Je passerai sur nos adieux; on conçoit qu'ils furent aussi tendres que pénibles. Je partis de Pouſtaretsk à neuf heures du matin, sur un traîneau découvert, attelé de sept chiens que je conduisois moi-même; le soldat chargé de m'escorter, en avoit huit au sien. Nous étions précédés par un guide, choisi dans les habitans de ce hameau *(a)*; il

1788.
Mars.
Le 18.

Départ de
Pouſtaretsk.

(a) Pendant mon séjour à Pouſtaretsk, M. le

Partie II.   A

montoit le traîneau du bagage : douze chiens étoient attelés à ce traîneau, qui portoit & le refte de mes effets & nos provifions. J'étois encore accompagné de M. Schmaleff & des bas - officiers de fa fuite ; mais au lieu de nous rendre enfemble à Ingiga, comme nous l'avicns arrêté, nous nous féparâmes quelques jours après.

En fortant de Pouftaretsk, nous defcendîmes fur le golfe. Notre marche fut d'abord affez facile ; la glace étoit partout folide & unie ; en peu d'heures nous atteignîmes l'embouchure : là, le chemin devint plus difficile ; obligés de voyager fur la mer fans nous éloigner du rivage, nous rencontrions à tout inftant des maffes de glaçons qui fembloient autant

commandant avoit congédié nos conducteurs Kamtfchadales. Quelques - uns étoient des environs de Bolcheretsk, & s'en trouvoient éloignés de près de quatre cents lieues. Ces pauvres gens, après avoir vu mourir prefque tous leurs chiens, furent réduits à s'en retourner à pied.

d'écueils contre leſquels nous allions nous briſer. En vain euſſions-nous cherché à les éviter par des détours, la chaîne inégale de ces monticules s'étendoit le long de la côte & nous fermoit le paſſage ; il fallut nous réſoudre à les franchir, au riſque d'être renverſés à chaque pas. Plus d'une fois, dans ces chutes, je manquai me bleſſer dangereuſement ; mon fuſil, que j'avois attaché à mon traîneau, fut forcé & courbé en arc ; pluſieurs de mes compagnons ſe firent de fortes contuſions, aucun ne s'en tira ſans quelque accident.

A la nuit tombante, nous parvînmes à un hameau ſitué au bord de la mer, & compoſé de deux yourtes & de trois balagans en très-mauvais état & entièrement abandonnés. Le ſeul homme qui demeuroit dans la yourte où nous entrâmes, s'étoit ſauvé à notre approche *(b)*. Je ſus d'un de nos gens qui nous y avoit

1788,
Mars.
Le 18.

Hameau abandonné.

(b) Tous les Koriaques errans nous fuyoient de même, pour n'être pas contraints à nous ſecourir.

A ij

devancés, que cet homme étoit un chaman ou forcier : faifi d'effroi en apprenant que nous devions arriver le lendemain ; il étoit parti fur le champ pour fe réfugier chez les Olutériens *(c)*; il devoit y refter jufqu'à ce que M. Kafloff fût pafsé.

Le Cofaque qui me donna ces détails, avoit été envoyé en avant par M. Schmaleff la veille de notre départ; celui-ci lui avoit ordonné de s'arrêter à ce hameau, & d'y chercher, en nous attendant, s'il n'y avoit pas du poiffon en réferve dans quelque fouterrain. Cette précaution nous fut très-utile; ce Cofaque à notre arrivée nous mena à un caveau qu'il avoit découvert; nous le trouvâmes rempli de poiffon, & je m'emparai d'une affez bonne partie, n'ayant emporté des vivres de Pouftaretsk que pour deux jours.

Le 19, nous nous remîmes en route de grand matin. Cette journée fut encore plus fatigante que la précédente ; le

<hr>

(c) Ce peuple eft au fud des Tchouktchis, fur la côte de l'eft.

1788, *Mars.* Le 18.

Découverte de provifions cachées en ce hameau.

Le 19. Journée pénible.

chemin étoit horrible : vingt fois je vis mon traîneau prêt à être fracaſſé ; c'en étoit fait, ſi je n'euſſe à la fin pris le parti d'aller à pied. J'y fus contraint par la néceſſité de prévenir pour moi-même les dangers des chutes ; de ſorte qu'il me fallut marcher preſque tout le jour, mais je ne fis qu'éviter un mal pour retomber dans un autre.

Au bout de quelques heures je me ſentis ſi las, que j'allois remonter ſur mon traîneau, lorſque, dans le moment, un cahot le jeta ſur le côté & m'en ôta l'envie. Je fus réduit à me traîner comme je pus ; mes jambes fléchiſſoient ſous moi ; j'étois en nage, & une ſoif ardente ajoutoit encore à ma laſſitude. La neige ne m'étoit que d'un foible ſecours, rien ne pouvoit me déſaltérer : par malheur, j'aperçus une petite rivière, le beſoin y porta mes pas, & ſans penſer aux ſuites de mon imprudence, mon premier mouvement fut de caſſer la glace & d'en porter à ma bouche. Je ne tardai pas à me reprocher cette

A iij

1788,
Mars.
Le 19.

Imprudence
qui altéra ma
ſanté.

précipitation purement machinale ; ma ſoif étoit éteinte, mais de l'extrême cha-leur dont je me plaignois, je paſſai ſubi-tement à l'excès contraire ; un froid uni-verſel me ſaiſit, je tremblois de tous mes membres.

La fraîcheur de la nuit augmenta mon friſſon, & ma foibleſſe devint telle, qu'il me fut impoſſible d'aller plus loin. Je preſſai mes compagnons de faire halte au milieu de ce déſert ; ils y conſentirent par égard pour moi, car la difficulté de s'y procurer du bois les en détournoit : à peine en avoit-on ramaſſé de quoi établir la chaudière ; cela ſe bornoit à quelques petits arbriſſeaux tout verts qu'on ne put faire brûler. Nous fûmes trop heureux de parvenir à faire du thé.

Après en avoir pris quelques taſſes, je me retirai ſous ma tente *(d)*, je me couchai ſur un petit matelas étendu ſur la neige, & me couvris de pluſieurs fourrures, dans

---

(d) Cette tente étoit de toile ; je l'avois achetée de M. Vorokoff avant de partir de Pouſtaretsk.

l'efpérance de rappeler la tranfpiration. Ce fut en vain, je ne fermai pas l'œil de la nuit. Aux angoiffes d'une fièvre sèche & brûlante, fe joignirent une oppreffion continuelle, & les inquiétudes ordinaires aux premiers fymptômes d'une maladie. J'avoue que je me crus dangereufement atteint, fur-tout lorfqu'en me levant je ne pus articuler un fon. Je fouffrois infi-niment & de la poitrine & de la gorge; la fièvre n'étoit pas calmée; néanmoins l'idée qu'un plus long repos m'eût été inutile, & que je ne pouvois efpérer du fecours qu'en avançant, me détermina à diffimuler mon mal à M. Schmaleff. Je fus le pre-mier à demander à partir, mais en cela je confultai plus mon courage que mes forces.

Je n'eus pas fait quelques verftes, que mes douleurs devinrent infupportables; obligé de me conduire moi-même, & par conféquent d'être dans un mouve-ment perpétuel, fouvent j'étois encore forcé par les mauvais chemins, ou de

1788,
Mars,
Le 19.

Du 20 au 24.
L'exercice me
guérit.

A iv

courir à côté de mon traîneau, ou de parler à mes chiens pour les faire avancer: mon enrouement ne me permettoit pas de m'en faire entendre; je n'en venois à bout qu'avec des efforts qui m'épuisoient & me déchiroient la poitrine. A ce tourment près, j'eus à me louer réellement de cet exercice; tout pénible qu'il étoit, il me fut salutaire; peu-à-peu il rétablit la transpiration; le soir je respirois plus librement: la fièvre me quitta, & il ne me resta qu'un gros rhume, dont en peu de jours je me débarrassai. Une fatigue journalière fut mon seul remède; j'avois sur-tout l'attention d'entretenir les sueurs qu'elle me procuroit, & je suis persuadé que je leur dus la promptitude de ma guérison. Quoi qu'il en soit, ma poitrine avoit tellement peiné, que pendant long-temps elle s'en est ressentie.

Dans cet intervalle, je n'eus pas du moins à souffrir de la rigueur des tempêtes, l'air étoit calme & le temps éclairci. Nous eûmes alors les plus beaux jours de l'hiver, fans cela je n'euffe peut-être jamais revu ma patrie; mais le ciel fembla favorifer ma marche, pour me faire oublier ce que j'avois fouffert.

1788,
Mars.
Du 20 au 24.

Bientôt la joie la plus vive fuccéda en moi à la trifteffe qui m'avoit accablé. Nous rencontrâmes en divers détachemens, trois convois envoyés à M. Kafloff par le fergent Kabéchoff. Ce fecours inefpéré me fit d'autant plus de plaifir, que l'état pitoyable dans lequel j'avois laiffé ce commandant, fe retraçoit fans ceffe à ma penfée. Quel changement fubit dans fa pofition! cent cinquante chiens bien difpos & bien nourris alloient lui arriver & lui apportoient des vivres. Il pourra partir le lendemain, me difois-je, & fi je ne dois plus me flatter de le revoir, au moins fera-t-il hors d'embarras : cette certitude me tranquillifera fur fon fort.

Rencontre de trois convois envoyés à M. Kafloff.

Le foldat qui conduifoit les convois, m'offrit de me donner une partie de ces provifions, mais je n'eus garde de les accepter; elles étoient peu abondantes,

& d'ailleurs nous n'en avions pas befoin; je ne l'arrêtai donc que le moins poffible.

Avant de me quitter, il me dit que le prince Eitel ou le chef des Koriaques de Kaminoi, celui qu'on avoit accufé de révolte, étoit en marche pour aller défa-bufer lui-même M. le commandant.

En pourfuiyant notre route, nous trouvâmes au-delà d'une petite rivière bordée de quelques arbriffeaux, une chaîne de montagnes efcarpées qu'il fallut gravir les unes après les autres; enfuite nous defcendîmes fur une autre rivière appelée *Talofka.* Ses deux rives s'écartent à mefure qu'on approche de l'embouchure; elles font garnies de bois, & j'y remarquai d'affez gros arbres. Nous laifsâmes cette rivière à quelque diftance de Kaminoi, pour traverfer un vafte champ de bruyère, puis un lac confidérable; enfin, nous paffâmes la rivière de Pengina prefqu'à fon embouchure, & dans la direction du fud-eft au nord-oueft.

Sa largeur eft impofante, & l'afpect des

glaces qui la couvroient & qui s'étoient amoncelées à une hauteur prodigieuſe, m'eût paru encore plus pittoreſque, ſi nous euſſions pu prendre un autre chemin plus commode; mais il n'y en avoit pas à choiſir, de ſorte que nous fûmes forcés de hiſſer, pour ainſi dire, nos chiens & nos traîneaux de glaçons en glaçons. Il eſt aiſé de juger de la difficulté & de la lenteur de cette manœuvre; j'eus toutes les peines du monde à m'en tirer ſain & ſauf.

Nous mîmes encore près de deux heures pour gagner Kaminoi, où nous entrâmes le 24 avant midi; nous y fûmes reçus on ne peut mieux par les habitans. En l'abſence d'Eitel, un autre prince nommé *Eila* les commandoit; il vint au devant de nous, accompagné du détachement Ruſſe: on nous conduiſit à la yourte d'Eitel, qui avoit été nettoyée & préparée dès long-temps pour l'arrivée de M. Kaſloff.

Cet Eila nous y rendit toutes ſortes d'honneurs; nous eûmes conſtamment un factionnaire à notre porte; ſa conſigne

1788,
Mars.
Du 20 au 24.
Paſſage ſur la rivière de Pengina.

Arrivée à Kaminoi.

1788,
Mars.
Le 24.
A Kaminoi.
Justification de
ces Koriaques
faussement ac-
cusés de rebel-
lion.

étoit de ne l'ouvrir qu'aux personnes dont nous croyions avoir le moins à nous défier.

Ce n'est pas que les bruits de rebellion qu'on avoit répandus sur le compte de ces Koriaques, ne nous parussent évidemment faux *(e)*; leur conduite à notre égard, & l'accueil qu'ils projetoient de faire à M. le commandant, ne pouvoient laisser aucun doute sur leurs dispositions du moment. Il n'étoit pas à présumer non plus qu'elles fussent l'effet de la présence des soldats envoyés d'Ingiga. La misère à laquelle ils étoient réduits *(f)*, les mettoit hors d'état

---

(e) Ces bruits avoient été accrédités par les rapports infidèles de l'ingénieur Bogenoff. On se souvient qu'il nous assura que ces Koriaques l'avoient empêché, à main armée, d'entrer dans la rivière de Pengina. Lorsque je leur en parlai, ils me protestèrent tous que, loin de s'opposer au passage de cet ingénieur, ils l'avoient traité pendant son séjour avec beaucoup de douceur & d'amitié.

(f) Ce détachement dans le principe avoit été de quarante hommes ; mais à la réquisition de Kabéchoff, il fut augmenté de dix Cosaques qui

d'en impofer à des gens du caractère de
ces Koriaques. Ils tiennent trop peu à la
vie, ainfi que je le ferai connoître, pour
être jamais intimidés; rien n'eût été capable de les contenir, s'ils avoient eu la
moindre raifon de mécontentement.

La vue du canon & de ces Cofaques en
armes, qui cependant étoient entrés dans
le village fans annoncer aucune intention
hoftile, leur avoit d'abord caufé quelques
inquiétudes. Auffitôt s'avançant vers le bas-
officier qui commandoit la troupe, ils le
fommèrent de déclarer s'il venoit pour
attenter à leur liberté & pour les détruire,
lui ajoutant que fi tel étoit le projet des
Ruffes, tous les Koriaques fe feroient tuer
plutôt que de fe rendre. Ce bas-officier
les raffura; il leur répondit adroitement,
que le motif de fa miffion ne devoit nullement les alarmer; qu'il lui étoit ordonné
d'aller au devant de M. Kafloff; que c'étoit
un honneur dû à fon rang & prefcrit par

1788,
Mars.
Le 24.
A Kaminoi.

---

arrivèrent à Kaminoi, avec les fecours que nous
venions de rencontrer.

la discipline militaire en Russie, envers les commandans, lors de leur passage dans les lieux de leurs districts. Cet éclaircissement suffit pour dissiper les soupçons; dès-lors Koriaques & Russes vécurent dans la meilleure intelligence. La sécurité des premiers fut si grande, qu'ils ne prirent aucune mesure en cas de surprise; ils n'eussent pas même fait attention à la longueur du séjour de ces soldats parmi eux, sans la disette qui commençoit à leur rendre de tels hôtes fort à charge.

Je n'avois compté rester à Kaminoi que le temps de faire reposer mes chiens; mais dans la nuit du 24 au 25 le temps se couvrit, & quelques coups de vent nous menacèrent d'une tempête prochaine : la crainte de l'essuyer en plein champ, me fit différer mon départ.

Cet ostrog, éloigné de Pouštaretsk de trois cents verstes, est sur une élévation presqu'au bord de la mer & à l'embouchure de la rivière de Pengina; il renferme un grand nombre de balagans &

une douzaine d'yourtes toutes très-vaſtes, & bâties dans le goût de celles que j'ai déjà décrites. Quoique fort rapprochées, ces habitations ne laiſſent pas d'occuper un eſpace de terrain conſidérable. Les paliſſades qui les entourent ſont garnies de lancés, d'arcs, de flèches & de fuſils ; ces paliſſades ſont plus épaiſſes & plus hautes que celles des yourtes Kamtſchadales. A l'abri de ces miſérables fortifications, ces Koriaques ſe croyent inexpugnables ; c'eſt de là qu'ils repouſſent les attaques de leurs ennemis, & entr'autres des Tchouktchis, leurs voiſins les plus redoutables & pour le nombre & pour le courage *(g)*.

La population à Kaminoi ne montoit guère alors qu'à trois cents perſonnes, tant hommes que femmes & enfans. Je ne dirai rien encore de leurs mœurs, je renvoie tous les détails ſur cet objet à mon arrivée

1788,
Mars.
Le 25.
A Kaminoi.

(g) On me prévint ici que ces peuples, avertis de mon prochain paſſage à Ingiga, viendroient probablement à ma rencontre, ne fût-ce que par curioſité.

1788,
Mars.
Le 25.
A Kaminoi.
Observations
sur des baidars.

à Ingiga, où j'espère être dans peu de jours.

Je vis encore, avant mon départ, une vingtaine de baidars ou bateaux de différentes grandeurs; ils ressembloient à celui dont j'ai parlé avant de sortir de Khaluli *(h)*; seulement leur construction me parut supérieure, & leur légèreté plus favorable à la navigation. J'admirai aussi leur largeur extraordinaire; plusieurs de ces baidars pouvoient contenir vingt-cinq à trente personnes.

M. Schmaleff
est forcé de me
quitter.

Dès notre arrivée, M. Schmaleff avoit prévu qu'il lui seroit difficile de sortir avec moi de ce village. Assailli soir & matin par tous les soldats du détachement qui venoient lui exposer l'urgence de leurs besoins, il crut de son devoir de ne pas les abandonner, & d'user de toutes les ressources que sa place & une parfaite connoissance du pays lui procuroient pour les secourir. Quoiqu'il fût aussi impatient

---

(h) Voyez première partie, *page 219.*

que

que moi de se rendre à Ingiga, où son frère l'attendoit depuis long-temps : il se décida néanmoins à me laisser partir seul.

Il me l'annonça avec peine, en me pressant de prendre un soldat de confiance nommé *Yégor-Golikoff (i)*; c'étoit, me dit-il, un véritable présent qu'il croyoit me faire; & l'on verra dans la suite qu'il ne m'avoit pas trompé.

Un procédé si honnête ajouta à mes regrets de quitter sitôt ce bon & brave officier. Ma reconnoissance envers lui voudroit pouvoir répéter ici ce que les Anglois ont écrit de son humanité & de sa politesse; mais je laisse à M. le comte de la Pérouze, le plaisir d'acquitter la dette de toutes les personnes de notre expédition,

Il me donne un soldat nommé Yégor - Golikoff.

(i) Mon escorte se trouva ainsi de quatre hommes; savoir, ce Golikoff, le soldat que j'avois emmené de Pouftaretsk, & deux autres choisis dans le détachement d'Ingiga pour me servir de guides : mais je crus devoir prendre en outre un conducteur Koriaque, persuadé qu'il connoîtroit mieux la route.

Partie IIe   B

1788,
Mars.
Le 26.

à qui M. Schmaleff s'empreſſa de rendre, pendant leur ſéjour à Saint-Pierre & Saint-Paul, tous les ſervices qui étoient en ſon pouvoir.

Départ de Kaminoi.

Je ſortis de Kaminoi le 26 à huit heures du matin, par un temps aſſez calme *(k)*. A quinze verſtes je retrouvai la même chaîne de montagnes que j'avois rencontrées en deçà de ce village; je les franchis de nouveau, puis je traverſai une rivière

Rivière de Cheſtokova.

appelée *Cheſtokova* du nom d'un bas-officier Ruſſe qui y fut tué à la tête d'un détachement de cinquante Coſaques, envoyés pour tenir en reſpect des Koriaques révoltés. Ceux-ci, à la faveur de la nuit, les ſurprirent au bord de cette rivière, & n'en laiſsèrent pas échapper un ſeul : tous les Ruſſes furent maſſacrés. Je fis halte dans le même endroit.

Tempête.

Je fus réveillé par des coups de vent d'une violence extrême ; des tourbillons

---

(k) La rareté des chiens à Kaminoi, & le mauvais état des miens, avoient déterminé M. Schmaleff à me donner ceux même du détachement.

de neige obfcurciffoient les airs; à peine diftinguoit-on s'il étoit jour. Malgré cet affreux ouragan, je réfolus de me remettre en marche, mais jamais je ne pus obtenir de mes guides feulement de le tenter; ils s'obftinèrent à ne point quitter la place, dans la crainte de s'égarer & des autres rifques à courir par un auffi mauvais temps.

Contrarié de toutes les manières, je m'enfonçai dans ma tente d'affez mauvaife humeur. A midi, je fus agréablement confolé par l'arrivée de fept Tchouktchis; ils étoient fur des traîneaux pareils à ceux des Koriaques errans, & tirés de même par des rennes. Je les reçus fous ma tente, & les invitai à y refter jufqu'à ce que l'orage fût diffipé: je ne pouvois rien leur propofer qui les flattât davantage; j'en jugeai par l'air de fatisfaction que mon offre répandit fur tous les vifages.

Parmi ces Tchouktchis étoit le chef de la horde nommé *Tummé*. Il prit auffitôt la parole pour me témoigner combien ils

étoient fenfibles à mon gracieux accueil ;
il m'affura que depuis qu'ils avoient entendu parler de moi, ils n'avoient rien
tant defiré que de me connoître ; que
toute leur crainte avoit été de ne me pas
rencontrer ; qu'ils n'oublieroient jamais
ni ma figure ni mes honnêtetés, & qu'ils
en rendroient un compte exact à leurs
compatriotes. De longs remercîmens furent ma réponfe, par laquelle je leur fis
comprendre qu'on m'avoit prévenu de
leur empreffement à me voir, & que je
n'avois pas moins fouhaité qu'eux cette
entrevue.

La converfation devint alors générale ;
elle roula fur diverfes matières, particulièrement fur leur patrie & la mienne :
ma curiofité égaloit la leur, c'étoient de
part & d'autre des queftions continuelles.
Sur ce que je leur dis que je devois, pour
retourner en France, paffer par la ville
qu'habite leur fouveraine, ils me prièrent
de lui faire d'eux une fidèle defcription,
& de dépofer à fes pieds l'hommage de

leur respect & de leur obéissance; ils m'ajoutèrent qu'à présent ils se trouvoient d'autant plus heureux d'être tributaires de la Russie, que dans leur commerce avec les Russes, ils éprouvoient chaque jour de leur part les plus grandes facilités, & des marques d'affection qui les charmoient. Ils se louoient principalement de M. Gaguen, commandant à Ingiga.

Ces bons traitemens leur faisoient regretter de n'être pas à portée d'entretenir avec les Russes des relations plus fréquentes. Le moyen, disoient-ils, d'applanir toutes les difficultés, seroit que ceux-ci revinssent former un nouvel établissement sur la rivière Anadir. Ils promettoient que désormais, loin de les inquiéter, ils s'attacheroient à leur faire oublier, à force d'amitiés, l'injustice de leur conduite passée. Elle avoit pris sa source dans une erreur qui leur étoit commune avec les Koriaques. Ils se figuroient autrefois que toute la nation Russe se bornoit au petit nombre d'individus qui venoient hardiment se

B iij

1788,
Mars.
Le 27.

fixer fur leur territoire & dans leur voifinage. Par un fentiment de jaloufie affez
naturel , ces peuples voyoient autant
d'ennemis dans ces émigrans, dont l'induftrie & l'activité leur étoient fufpectes;
ils croyoient de leur intérêt le plus preffant
de s'en défaire , perfuadés qu'en les ex-
terminant, ils en détruifoient la race.

Les Tchouktchis m'avouèrent qu'ils
avoient fenti leur méprife & leurs torts,
dès qu'ils avoient appris à connoître les
Ruffes. Inutilement aujourd'hui on les
excitoit à la révolte, ils étoient au contraire difpofés à déconcerter les menées fé-
ditieufes d'un prince ou chef des Tchouktchis à demeure fixe, nommé *Khérourgui,*
foit en reftreignant fon autorité , foit
même en le livrant aux Ruffes.

Ne pouvant concevoir dans quelle partie du monde j'étois né , ils me demandèrent fi ma patrie ne fe trouvoit pas de
l'autre côté de la grande rivière. Pour
leur répondre, je voulus favoir d'abord
ce qu'ils entendoient par-là, & le voici : ils

imaginent qu'au-delà du pays des Ruffes,
dont ils ont à peine connoiffance, eft une
rivière immenfe qui le fépare d'une autre
terre habitée par différens peuples.

Il ne fut pas aifé de les éclairer fur
ce point ; je leur parlai long-temps fans
qu'ils compriffent un mot de ma differ-
tation géographique : ils n'avoient aucune
idée jufte de l'étendue ni du nombre.
Il ne leur étoit pas moins difficile de s'en
faire une de la force d'un état, de la richeffe & de la puiffance d'un fouverain.
Jamais ils n'avoient même cherché à apprécier celle de la Ruffie : pour les amener
à en juger par aperçus, je fus obligé de
leur expliquer l'abondance des produc-
tions, du numéraire & de la population
de cet empire, par une comparaifon tirée
de la multitude des divers animaux qu'ils
chaffent, & de la quantité de poiffons
qu'ils pêchent chaque année fans épuifer
leurs rivières. Cet éclairciffement mis à
leur portée autant qu'il me fut poffible, leur
plut fingulièrement. J'employai la même

1788,
Mars.
Le 27.

1788,
Mars.
Le 27.

méthode pour leur apprendre à mesurer l'étendue ; l'espace que couvroit ma tente fut le premier objet de ma démonstration, puis prenant une feuille de papier, j'en fis une espèce de carte géographique, pour leur indiquer à peu-près la position & l'éloignement de la Russie & de la France, par rapport à leur pays.

Ce ne fut pas sans peine que je parvins à m'en faire entendre ; je m'en crus bien dédommagé par l'attention & l'intérêt avec lesquels ils m'écoutèrent. En général, je fus étonné de la solidité de leur esprit, & de l'ardeur qu'ils montrent pour s'instruire. Supérieurs en cela aux Koriaques leurs voisins, ils paroissent aussi réfléchir davantage à ce qu'ils disent, & sur ce qu'ils voyent & entendent. Ces deux peuples ont le même idiome ; la seule différence qui m'ait frappé dans la manière de parler des Tchouktchis, c'est qu'ils traînent leurs finales, & que leur prononciation est plus douce & plus lente que celle des Koriaques. A l'aide de mon guide qui me fervoit d'interprète, je foutins fort bien la converfation.

Mon attention à examiner leurs vête-mens, leur infpira le defir de connoître notre habit François *(l)*, & je fis tirer mon uniforme de mon porte-manteau. A fa vue l'admiration fe peignit dans tous leurs mouvemens; ce fut à qui y toucheroit; chacun fe récria fur fa fingularité & fur la beauté; mes boutons portant l'écuffon de France, arrêtèrent fur-tout leurs regards: il fallut encore m'ingénier pour leur rendre d'une manière intelligible, & ce que cette empreinte repréfentoit, & à quoi elle fervoit. Ils ne me laifsèrent pas achever, ils fautèrent fur mes boutons, me priant inftamment de leur en donner à tous : j'y confentis, fur la promeffe qu'ils me firent de les conferver avec un foin extrême. Leur but en les gardant, étoit d'en faire un figne de reconnoiffance, qu'ils montreroient à tous les étrangers

_____

(l) Le lecteur doit fe rappeler que je n'étois alors vêtu qu'à la Kamtfchadale.

1788, *Mars.* Le 27.

qui aborderoient fur leurs côtes, dans l'efpérance qu'à la fin il y arriveroit peut-être quelque François.

Leurs compatriotes avoient bien vu des Anglois, il y a quelques années : « Pour-» quoi, difoient-ils, les François ne vien-» droient-ils pas auffi nous vifiter? ils » feroient fûrs d'être reçus par nous avec » joie & cordialité ». Je les remerciai de leurs obligeantes difpofitions, mais je ne leur cachai pas que notre éloignement étoit un obftacle à ce que nous miffions fouvent leur bonne volonté à l'épreuve; je leur promis cependant d'en rendre un fidèle témoignage à mon arrivée dans ma patrie.

Après les avoir régalés de mon mieux avec du tabac, n'ayant rien à leur donner qui pût leur faire plus de plaifir, nous nous quittâmes les meilleurs amis du monde. Ils me dirent en partant, que je rencontrerois peut-être bientôt leurs équi-pages & leurs femmes, qu'ils avoient laiffés en arrière, pour faire plus de diligence.

Peu de temps après le départ de ces Tchouktchis, le vent fe calma, & je repris ma route.

Le lendemain, à l'inftant où je penfois à m'arrêter, venant de découvrir auprès d'un bois un endroit commode pour notre halte, j'aperçus plus loin, devant moi, un nombreux troupeau de rennes qui paiffoient en liberté fur la croupe d'une montagne. En y regardant plus attenti-vement, je diftinguai quelques hommes qui fembloient les garder : je ne fus d'a-bord fi je devois les éviter ou les joindre; mais la curiofité l'emporta, & je m'a-vançai pour les reconnoître.

On eût dit qu'en longeant ce bois, j'allois les atteindre. Je ne me doutois pas qu'arrivé à l'extrémité, j'en ferois encore féparé par une rivière affez large, dont un quart d'heure auparavant j'avois traverfé un petit bras. Tandis que d'une rive à l'autre j'obfervois ces gens, je fus abordé par deux femmes qui fe prome-noient aux environs; la plus âgée m'a-

1788,
Mars.
Le 28.

Rencontre de la fuite de ces Tchouktchis.

1788,
Mars.
Le 28.

dreſſa la parole : quelle fut ma ſurpriſe de l'entendre parler Ruſſe ainſi que ſa compagne ! elles m'apprirent que j'étois à deux cents pas du camp des Tchouktchis, que le bois me maſquoit. En deſcendant ſur le rivage, je vis en effet les traîneaux & les tentes, & je preſſai ces femmes de m'y conduire.

Hiſtoire des deux femmes qui m'avoient abordé.

Chemin faiſant, je leur demandai d'où elles étoient, leur langage n'annonçant pas qu'elles fuſſent nées, ni qu'elles euſſent toujours vécu parmi ce peuple.

L'une me conta qu'elle étoit Ruſſe, & que l'amour maternel l'entraînoit à la ſuite de ces Tchouktchis. Dangers, fatigues, mauvais traitemens, elle bravoit tout, n'aſpirant qu'à ſe rendre avec eux dans leur pays, pour y réclamer ſa fille qui y étoit retenue en ôtage : voici comme elle l'avoit perdue.

Ce jeune enfant, deux ans auparavant, voyageoit avec ſon père & pluſieurs autres Ruſſes ſur la rivière Pengina. Cette caravane, compoſée de neuf perſonnes, s'avançoit tranquillement au milieu des Koriaques, alors menacés par un parti de Tchouktchis, à la tête desquels étoit ce même Kérourgui dont il a été parlé plus haut. Pour écarter ces dangereux voifins, les Koriaques imaginèrent de leur donner avis du paffage de ces étrangers *(m)*, comme d'une prife qu'il ne falloit pas laiffer échapper. L'artifice réuffit : féduits par l'appât d'un butin immenfe en fer & en tabac, les Tchouktchis coururent fur les traces de ces voyageurs; leur courage ne put les fauver, quatre périrent les armes à la main, victimes de leur inutile réfiftance. Quant au mari de cette femme, il fut tué en défendant fa

---

(m) La perfidie des Koriaques a prefque toujours cherché à fomenter l'inimitié des Tchouktchis contre les Ruffes, foit par de faux rapports, foit en livrant ceux-ci, lorfqu'ils ne pouvoient ou n'ofoient les attaquer eux-mêmes. Ces manœuvres artificieufes donnent la raifon de tant d'actes de cruauté que les Ruffes reprochent aux Tchouktchis, & qui n'étoient guère dans le caractère de cette nation.

fille, que les vainqueurs arrachèrent de ses bras, & emmenèrent avec ses trois autres compagnons d'infortune. Depuis ce temps les Russes n'avoient cessé de demander le renvoi de ces prisonniers; ils en avoient obtenu la promesse, mais jusqu'à ce jour, deux seulement avoient été relâchés.

Le récit touchant de cette malheureuse mère, que ses larmes interrompirent plus d'une fois, m'inspira pour elle le plus vif intérêt; sans savoir encore si ma médiation pourroit être de quelque poids auprès des Tchouktchis, je me sentis porté à joindre mes instances aux siennes, & j'eus la satisfaction de voir qu'elles ne furent pas infructueuses.

Je sus de l'autre femme qu'elle étoit née Tchouktchi. Dans son bas âge elle avoit été prise par les Russes sur la rivière Anadir; conduite à Yakoutsk, elle y fut baptisée & instruite autant qu'elle pouvoit l'être. Un soldat l'avoit ensuite épousée & laissée veuve au bout de quelques

années : enfin, par ordre du gouvernement, elle étoit revenue dans fa patrie
avec fes enfans, pour y rendre compte
des obligations qu'elle avoit aux Ruffes.
Il lui étoit recommandé d'en faire paffer
les détails à tous les Tchouktchis, même
aux plus éloignés *(n)*, & de leur infinuer
qu'ils trouveroient des avantages fans
nombre, à établir un commerce sûr &
paifible avec fes bienfaiteurs.

Cette femme parle les langues Ruffe,
Yakoute & Tchouktchi avec une égale
facilité. Elle me dit que le peu de lumières qu'elle devoit à fon éducation, lui
avoit acquis dès fon arrivée une forte de
crédit parmi fes compatriotes; qu'elle
avoit même déjà profité de fon afcendant
fur les efprits, pour détruire quelques-uns
de leurs préjugés, & qu'elle fe flattoit
de parvenir infenfiblement à les éclairer

1788,
Mars.
Le 28.

(n) C'eft-à-dire, ceux qui font au-delà du cap
Tchouktchi, connu dans les cartes fous le nom de
Tchoukotskoi-noff.

fur leurs vrais intérêts. Ses efpérances à cet égard étoient fondées en grande partie fur le caractère de ce peuple, qu'elle m'affura être véritablement hofpitalier, généreux, doux & préférable en tout aux Koriaques.

La converfation de ces femmes m'avoit tellement attaché, que j'étois dans le camp des Tchouktchis avant de m'en être aperçu. Leur joie en me voyant fut extrême ; dans la minute je me vis entouré ; ils me parloient tous à la fois pour m'engager à paffer la nuit auprès d'eux : je leur répondis que c'étoit mon intention ; auffitôt nouveaux tranfports & nouvelles clameurs. J'ordonnai qu'on drefsât ma tente à l'extrémité du camp ; pendant qu'on y travailloit, je fis inviter les chefs à venir m'y voir ; prompts à ufer de la permiffion que je leur donnois, ils n'attendirent pas que je fuffe entré dans ma tente pour me fuivre ; je les y trouvai raffemblés en auffi grand nombre qu'elle pouvoit en contenir.

Après

Après les premiers complimens, la conversation s'engagea de part & d'autre avec une égale avidité de s'instruire : nous parlâmes sommairement de nos pays, de nos mœurs & de nos usages respectifs ; leurs discours furent à peu-près les mêmes que ceux que m'avoient tenus Tummé & ses compagnons ; ils m'exprimèrent leur soumission à la Russie, leur desir sincère d'entretenir l'union par des rapports de commerce, & sur-tout de voir renouveler l'établissement sur l'Anadir. Ils s'étendirent ensuite sur les motifs de leur voyage ; ils avoient eu principalement en vue de visiter quelques-uns de leurs parens alliés à des Russes & fixés à Ingiga : peut-être aussi y avoient-ils été conduits par quelque projet de commerce ; mais à les entendre, leur attachement pour leurs compatriotes avoit été l'unique mobile de leur déplacement ; & de fait, je crus avoir reconnu ce sentiment patriotique dans les égards marqués qu'ils ont pour cette femme Tchouktchi, revenue chez

Partie II. C

1788,
Mars.
Le 28.

eux, & dans les careffes qu'ils faifoient à fes enfans.

Ils me répétèrent fouvent de bannir toute défiance, & de compter fur leur amitié : ils me fuppofoient apparemment la réferve que les Ruffes leur montrent encore dans leurs entrevues ; mais n'ayant pas eu les mêmes fujets de les craindre, j'étois bien éloigné de les foupçonner. C'eft auffi ce que je leur fis comprendre, en leur répondant, que difpofé à n'offenfer qui que ce fût fur ma route, je ne penfois pas que perfonne pût vouloir m'inquiéter, & moins encore au milieu d'une nation comme la leur, dont la bonté & la droiture m'étoient déjà connues. Ce raifonnement leur plut, ils en parurent auffi flattés que de ma fécurité ; je crus en conféquence devoir cacher mes armes, & rejeter la propofition que me firent mes foldats, de pofer une fentinelle devant ma tente.

Je diftribuai du tabac aux plus diftingués de ces Tchouktchis, & leur fis fervir enſuite du thé avec du biſcuit de ſeigle. Leur chef ou prince nommé *Chegouiagua*, l'égal de Tummé par le rang & l'autorité, deux de ſes parens & les deux femmes qui me ſervoient d'interprètes, ſoupèrent avec moi. Le repas fut des plus frugal, mais fort gai ; mes convives en ſortirent auſſi contens que s'ils euſſent fait la meilleure chère poſſible : le beſoin de prendre du repos nous ſépara.

Dès que je fus ſeul, je me mis à écrire les notes que leur entretien & mes obſervations particulières m'avoient fournies.

Le camp de ces Tchouktchis étoit établi ſur le bord de la rivière, auprès de leurs équipages, & adoſſé au bois dont j'ai parlé ; il ſe bornoit à une douzaine de tentes, rangées ſur une même ligne le long du rivage : ces tentes ſont de forme carrée & faites de peaux de rennes, ſuſpendues par des courroies à des perches plantées aux quatre coins. Des faiſceaux de lances & de flèches fichés dans la neige devant

1788,
Mars.
Le 28.

chaque tente, semblent en défendre l'entrée *(o)*; celle-ci est fort basse & se ferme hermétiquement. On éprouve dans l'intérieur une chaleur excessive; les peaux de rennes qui forment les parois & la couverture de la tente sont impénétrables à l'air, & toujours le poil est en dedans. Quant au lit, il ressemble à celui des Kamtschadales dans leur halte; des branchages très-menus sont, en guise de litière, épars sur la neige, puis on étend par-dessus d'autres peaux de renne : c'est-là qu'une famille entière s'accroupit & se couche sans distinction d'âge ni de sexe; l'espace est si étroit, qu'on ne conçoit pas comment tout ce monde parvient à se nicher. Il en résulte un air & une malpropreté insupportables ; il suffit de dire qu'ils voient sans dégoût leurs alimens & leurs boissons auprès des choses les plus sales, car il n'y a point d'expressions

---

(o) C'est à la crainte d'être surpris la nuit par les Koriaques, qu'il faut rapporter cette précaution.

pour peindre l'excès de leur infouciance.

Dans le nombre de ces Tchouktchis, qui pouvoit aller à quarante, il fe trouvoit quinze à feize femmes *(p)*, & prefque autant d'enfans qui tous étoient occupés à la préparation des tentes & des alimens. Chacun des principaux perfonnages a des valets à fon fervice, pour foigner les rennes, & les défendre pendant la nuit contre les loups qui abondent fur ces côtes.

L'habillement des femmes eft des plus finguliers; il confifte en une feule peau de renne qui pend au cou, où elle eft ouverte également devant & derrière, & qui defcend en forme de larges culottes arrêtées au-deffous du genou. Cet habit fe paffe par l'ouverture du cou; la feule

1788,
Mars.
Le 28.

Habillement
des femmes
Tchouktchis.

(p) La polygamie eft en ufage chez ce peuple. On pourroit dire auffi qu'il admet la promifcuité des femmes; car on prétend qu'il eft un de ceux qui portent la politeffe envers leurs hôtes jufqu'à leur céder leurs femmes ou leurs filles : ce feroit leur faire une infulte que de les refufer. Je ne puis garantir la vérité de ce rapport.

1788,
Mars.
Le 28.

manière de le quitter, c'est de lâcher les nœuds qui le retiennent sous le menton; dans l'instant il tombe tout d'une pièce & la femme est nue : on jugera combien il est incommode par le fréquent besoin de s'en dépouiller entièrement. Lorsqu'elles voyagent, elles endossent une *kouklanki*, qu'elles mettent par - dessus leur habit ordinaire; des bottes de pieds de renne font leur unique chaussure. Leurs cheveux sont d'un noir foncé; quelquefois elles les relèvent en touffes derrière la tête; mais le plus souvent séparés sur le front, ils pendent en longues tresses sur les côtés : leurs oreilles & leur cou sont chargés d'ornemens en verroteries de différentes couleurs; & quand elles ont froid, le capuchon de la parque leur sert de coiffure.

Physionomies.

L'ensemble des physionomies n'a rien d'agréable, les traits en sont grossiers; en général, cependant, elles n'ont pas le nez aplati, ni les yeux tirés comme les femmes Kamtschadales. Elles leur resfemblent en cela bien moins que les femmes Koriaques ; leur taille eft auffi plus élevée, mais peu fvelte ; l'épaiffeur & la largeur gênantes de l'habillement leur donnent l'air on ne peut pas moins alerte. Néanmoins, elles font chargées des plus gros ouvrages, comme d'allumer le feu, de porter le bois, d'aller chercher l'eau & tout ce dont elles ont befoin pour leurs ménages. Ce font les plus vieilles principalement qui font tenues de prendre ces foins.

Les traits des hommes m'ont paru plus réguliers, ils n'ont rien d'Afiatique ; leur teint eft très-bafané, ainfi que celui des femmes ; & leur habillement, leurs traîneaux, enfin tous leurs ufages font abfolument femblables à ceux des Koriaques nomades. Je me réferve à les faire connoître en même temps.

Ces Tchouktchis font à préfent chaque année un voyage à Ingiga. Ils partent de leur pays au commencement de l'automne, & n'arrivent en cette ville que

1788,
Mars.
Le 28.

Voyages &
commerce des
Tchouktchis à
Ingiga.

1788,
Mars.
Le 28.

dans les premiers jours de mars. A peine ont-ils terminé les affaires qui les y amè-nent, & pour cela quelques jours leur suffisent, qu'ils se remettent en route, afin de profiter encore de la commodité du traînage ; cependant il est rare qu'ils puissent se rendre chez eux avant la fin de juin.

Les marchandises qu'ils apportent sont des parques de martres, de renards, & des dents de morse qui produisent un superbe ivoire ; ils prennent en échange des chaudières, du tabac, des lances, des fusils, des couteaux & d'autres ouvrages en fer. Peu accoutumés encore au fusil, ils ne s'en servent guère ; mais en re-vanche, ils sont très-habiles à décocher une flèche & à manier une lance ; aussi en font-ils leurs principales armes.

Comme tous les peuples du nord, ils sont extrêmement enclins à l'ivrognerie ; leur passion pour l'eau-de-vie est telle, que, dès qu'on leur en a donné, on est obligé de leur en verser jusqu'à ce qu'ils foient complétement ivres ; fans cela ils fe croiroient infultés, peut-être même en viendroient-ils aux menaces & à la violence pour s'en procurer. Auffi ardens fumeurs que les Koriaques, ils ont mêmes pipes & même façon de fumer.

Ne voulant pas m'arrêter plus long-temps, j'allai au point du jour prendre congé de ces Tchouktchis dans leurs tentes, mais le mauvais air & la chaleur m'en firent bientôt fortir. Notre féparation fut des plus tendres, ils m'embraf-sèrent tour-à-tour & m'accablèrent de careffes. On conçoit que dans ces adieux, je ne demeurai pas en refte de compli-mens, & véritablement je ne faurois trop me louer de l'accueil de ce peuple hof-pitalier.

Je partis d'affez bonne heure pour faire dans cette journée près de trente verftes. A moitié chemin, je rencontrai fur le bord de la mer deux balagans & une yourte habitée par une famille de Koriaques ; une heure après j'atteignis l'oftrog de Pareiné.

1788,
Mars.
Le 28.

Le 29.
Je quitte ces Tchouktchis.

1788,
Mars.
Le 29.
Description de
Pareiné.

Moins grand que celui de Kaminoï, il est beaucoup plus peuplé ; sa position me parut commode. Il est situé sur la rivière dont il porte le nom, à trois verstes environ de son embouchure dans la mer de Pengina, qui forme à cette hauteur un golfe si étroit, que dans les beaux temps on voit d'un bord à l'autre.

Histoire d'une
femme d'In-
giga.

La première personne qui se présenta à moi dans ce village, fut une vieille femme métisse, dont l'air affligé me frappa ; soit compassion, soit curiosité, je m'empressai de l'aborder. Mes questions sur la cause de son chagrin lui firent jeter un cri pénétrant, & ses larmes furent sa seule réponse ; à force d'instances & de marques d'intérêt, j'obtins enfin le récit de son malheur.

Il y avoit près de quinze jours qu'elle, son mari, son fils & plusieurs de leurs amis étoient partis d'Ingiga pour venir à Pareiné voir leurs parens. Surpris en route par un de ces terribles ouragans dont j'ai pensé vingt fois éprouver les funeftes effets, ces voyageurs s'étoient égarés & féparés les uns des autres. Le père & le fils montoient le même traî-neau ; après avoir erré long-temps pour chercher un abri ou quelques points de ralliement, ils s'étoient tout-à-fait perdus. On eut toutes les peines du monde à les découvrir ; on ne les retrouva qu'au bout de deux jours, enfoncés dans la neige & morts de froid ; tout leur corps étoit gelé ; leur pofture annonçoit que n'ayant plus la force de fe traîner, ces deux malheu-reux, pour fe réchauffer, s'étoient collés l'un contre l'autre, & qu'ils étoient morts en s'embraffant. Plus heureufe que fon mari, cette femme avoit gagné un abri au bord d'une rivière, à quinze verftes de Pareiné, où elle & fes compagnons étoient à la fin parvenus, épuifés de fatigues & navrés de douleur. Elle m'ajouta que, pendant cette tempête, ils n'avoient dif-tingué ni ciel ni terre ; la neige glacée en l'air s'épaiffiffoit en tombant, & fem-bloit une pluie de glaçons ; leurs habits

1788,
Mars.
Le 29.
A Pareiné.

1788,
Mars.
Le 29.
A Pareiné.

en avoient été percés au point de ne
pouvoir plus leur fervir. Mais ce qui
augmentoit l'affliction de cette femme,
c'étoit de fe voir hors d'état de retourner
dans fon pays ; perfonne ici ne paroiffoit difpofé à lui en fournir les moyens
qu'elle ne cefloit de folliciter , & toujours
inutilement. A ces mots, un torrent de
larmes inonda fon vifage. Je ne favois
comment la confoler ; je lui dis tout ce
que la pitié me fuggéra ; mais ne pouvant
lui être d'aucun fecours, je la quittai
avec le regret de ne lui avoir témoigné
qu'une compaffion ftérile.

Inquiétudes
que me donne
un chef de
Koriaques qui
veut m'arrêter.

Pendant que je lui parlois, les habitans
de Pareiné s'étoient attroupés autour de
moi ; leur chef ou prince nommé *Youltitka* s'approcha pour m'inviter à paffer
la nuit dans fon village. Sa finiftre mine
confirmoit tout ce qu'on m'avoit rapporté de fa perfidie , & je lui fis entendre
que je n'avois nulle envie de m'arrêter ;
fur mon refus, il m'objecta l'impoffibilité
de me procurer des chiens & des vivres

avant le lendemain matin. Les raifons qu'il m'en donnoit, annonçoient ouvertement fa mauvaife volonté *(q)*; je crus même y démêler de funeftes intentions. Réfolu de m'y fouftraire à quelque prix que ce fût, je lui repliquai que je faurois me paffer de ce que je ne pouvois obtenir, mais que rien ne m'obligeroit à refter. Il feignit de ne pas me comprendre, & me prétexta un nouvel obftacle;

1788,
Mars.
Le 29.
A Pareiné.

(q) J'étois d'autant plus fondé à le foupçonner, que fon début me rappeloit les expédiens qu'il avoit employés l'année précédente, pour retenir un matelot chargé, par le gouvernement, de lettres importantes. Celui-ci, preffé de fe rendre à fa deftination, fe difpofoit à fortir de Pareiné, lorfque Youltitka le preffa d'attendre au lendemain pour fe remettre en route. Le matelot n'en tint compte, & voulut partir fur le champ. La difpute s'échauffa; le Koriaque furieux fe jeta fur lui, & l'auroit affaffiné fur l'heure, fi on ne l'eût arraché de fes mains. Il le fit garroter & garder pendant trois jours: enfin, après lui avoir fait effuyer toutes fortes de mauvais traitemens, il confentit à le laiffer aller, peut-être dans l'efpérance de s'en défaire plus aifément fur la route; mais fa proie lui échappa.

en même temps il me regardoit avec un sourire amer qui sembloit me défier de partir. Je sentis que je devois m'armer de la plus grande fermeté, ou me résoudre à subir patiemment la loi qu'il plairoit au fourbe de m'imposer. Tout le village étoit là ; deux cents hommes au moins se pressoient tumultueusement à mes côtés, soit pour m'inspirer de l'effroi, soit pour observer mon embarras. Dans cette périlleuse conjoncture, j'imaginai de leur adresser la parole en Russe, espérant que dans le nombre il s'en trouveroit peut-être quelques-uns de qui je pourrois me faire entendre, & qui seroient moins intraitables que leur chef.

Ma harangue fut courte, mais véhémente ; je fis valoir ma qualité d'étranger, mes droits à leur appui, & sur-tout le desir que j'avois de mériter, par ma conduite à leur égard, l'intérêt que m'avoient montré tous leurs compatriotes sur mon passage : vis-à-vis d'eux, ajoutai-je, jamais je n'avois eu besoin d'exiger les secours qui m'étoient néceſſaires ; loin d'attendre pour me les accorder, l'exhibition des ordres dont j'étois porteur, toujours ils s'étoient empreſſés de prévenir mes demandes.

Au mot d'ordre, je vis mes gens étonnés ſe regarder les uns les autres : à meſure que mon diſcours parut leur faire impreſſion, je redoublai de chaleur & d'aſſurance ; puis tirant tout-à-coup mon paſſeport & fixant Youltitka d'un air indigné, je le lui préſentai, en lui déclarant que j'entendois partir au plus tard dans deux heures. Cette bruſque péroraiſon le déconcerta ; il vit qu'il ne pouvoit éluder de me ſatisfaire ſans ſe rendre coupable : le mandat de M. le commandant étoit trop formel & trop impératif pour qu'il oſât y contrevenir. Il prit donc le parti d'ordonner qu'on ramaſsât auſſitôt dans tous les réſervoirs la quantité de poiſſon que je deſirois, me priant d'avoir égard à la modicité de leurs proviſions que j'allois fort diminuer. C'étoit même là,

1788,
Mars.
Le 29.
A Pareiné.

1788,
Mars.
Le 29.
A Pareiné.

difoit-il, ce qui l'avoit porté à me faire quelques difficultés; comme s'il eût craint que je n'euffe dévafté leurs caves! mais ce n'étoit encore qu'un fubterfuge; j'eus bientôt la preuve qu'elles étoient abondamment approvifionnées.

Cependant, pour avoir l'air de chercher à réparer fon incivil accueil, ou peut-être dans la vue de me faire mieux repentir de l'avoir forcé dans fes derniers retranchemens, il m'engagea à venir attendre dans fa yourte que mes gens euffent fait les préparatifs néceffaires pour mon départ. Refufer encore eût marqué un refte d'inquiétude; je voulois au contraire le bien convaincre de mon intrépidité; d'ailleurs il étoit heure de dîner, & dans l'efpoir de gagner infenfiblement le traître, j'acceptai fon invitation, lui offrant de lui faire faire un meilleur repas que celui qu'il pourroit me donner; je le fuivis d'un front auffi calme que fi j'euffe été d'une fécurité parfaite. A dire vrai pourtant, je me fentis troublé lorfqu'il me

fallut,

fallut, pour arriver dans cette yourte, defcendre à quarante pieds fous terre. La profondeur extraordinaire de cette retraite me livroit à la difcrétion de mon hôte; jamais ma fuite n'eût pu ni m'entendre ni me fecourir : je frémis de mon imprudence, mais il n'étoit plus temps de reculer; j'étois bien armé, & je me préparai à me défendre de mon mieux en cas d'infulte.

Le premier foin d'Youltitka fut de me faire affeoir à la place d'honneur, c'eft-à-dire, dans cette efpèce d'alcove réfervée au chef de la famille; la fienne étoit des plus nombreufes, près de quatre-vingts perfonnes habitoient avec lui cette yourte. Tout ce monde avoit été attiré dehors par le bruit de mon arrivée, & y étoit refté autour de mes gens, de forte que j'étois feul pour tenir tête à trois ou quatre compagnons ou parens d'Youltitka, qui m'environnoient en me regardant fous le nez. Perfuadés qu'ils parloient le Ruffe à merveille, parce qu'ils en eftropioient

1788,
Mars.
Le 29.
A Pareiné.

Partie IIe D

quelques mots ; ils me faifoient tour-à-
tour. des queftions plus abfurdes les unes
que les autres. Ma pofition exigeoit de
la complaifance, & je répondois à chacun
avec douceur & précifion. Je paffai ainfi
près d'une heure au milieu de ces figures
barbares, vraiment faites pour m'intimider, fur-tout celle de leur chef *(r)*. Mon
foldat ne defcendoit point, & je commen-
çois fort à m'inquiéter ; au mouvement
que je fis pour fortir, ces Koriaques fe
mirent devant moi : l'un d'eux me prit,
par le bras pour me faire raffeoir, en me
demandant fi je voulois me fauver ; je fis
bonne contenance, mais j'avoue que mon
cœur fe ferra : je me remis, & malgré
l'altération qu'ils pouvoient remarquer fur

(r) Il eft difficile d'imaginer un homme plus
complettement laid. Gros & trapu ; le vifage tout.
couturé par la petite vérole & par plufieurs cica-
trices ; l'air fournois ; des cheveux noirs, qui
rejoignoient un énorme fourcil, fous lequel on
découvroit un feul œil enfoncé & hagard ; il avoit
perdu l'autre par accident. Tel eft le fignalement
exact de ce prince Koriaque.

mon vifage, je leur répondis que je ne penfois pas devoir les craindre. Youltitka chercha alors à me raffurer, il me jura qu'il avoit la plus grande eftime pour moi, & que j'étois en sûreté chez lui. Sa conduite paffée, ajoutoit-il, pouvoit le rendre fufpect à mes yeux, mais il croyoit de fon honneur de me défabufer fur fon compte. Fier d'avoir été reçu parmi les juges du tribunal d'Ingiga *(f)*, il avoit fa réputation trop à cœur pour fouffrir qu'on me maltraitât devant lui.

Je connoiffois affez mon homme pour n'ajouter aucune foi à fes belles proteftations; je m'eftimois heureux qu'il n'osât pas ce qu'il pouvoit, ce qu'il vouloit même probablement. Je me hâtai donc de fortir de la yourte, fous prétexte de

1788, *Mars.* Le 29. A Pareiné.

(f) Ce tribunal s'appelle en Ruffe *nijenei-zemskoi-foud,* ou tribunal territorial inférieur. Les juges qui le compofent, font pris tour à tour dans les oftrogs, parmi les payfans de chaque diftrict; le temps de leur exercice eft limité à trois ans. On nomme ces juges *zaffédatels.*

D ij

1788,
Mars.
Le 29.
A Pareiné.

voir où étoit mon monde & de donner des ordres pour notre dîner. Je ne pus encore me débarraſſer du perfide Koria-que ; il s'obſtina à m'accompagner pendant que je travaillois à raſſembler ma ſuite : chaque mot que je diſois paroiſſoit l'alar-mer ; ne ſachant pas le Ruſſe, il en de-mandoit auſſitôt l'interprétation, & obſer-voit tous mes mouvemens avec une at-tention ſingulière.

Je trouvai mes gens occupés à troquer les mauvais chiens qui leur reſtoient, contre des fourrures & des vêtemens de rennes. La cupidité leur avoit fait oublier ce que je leur avois recommandé & le péril dans lequel ils m'avoient laiſſé ; mais je diſſimulai mon mécontentement à cauſe des témoins ; je redeſcendis dans la yourte ſuivi d'Youltitka & de mes deux ſoldats, qui ſe mirent ſur le champ en devoir de nous faire dîner. Des femmes vinrent aider à nettoyer notre vaiſſelle *(t)*, & peu-

---

(t) Elles ne ſe ſervent pour cela ni de torchons ni de ſerviettes ; elles prennent un bâton, le raclent

à-peu avec le ſecours de l'eau-de-vie, la bonne humeur ſuccéda à la crainte & à la défiance. Nous fîmes un repas des plus joyeux ; je m'efforçai même ſouvent d'imiter les grands éclats de rire de mes convives, afin de leur mieux témoigner ma ſatisfaction ; car l'expreſſion exagérée du ſentiment, eſt la ſeule qui leur plaiſe. Le dîner fini, j'envoyai un de mes ſoldats porter l'ordre d'atteler mes chiens dont on avoit déjà renouvelé une partie ; mes proviſions ſe trouvèrent auſſi chargées : en dix minutes je fus en état de prendre congé de mes Koriaques. Ils me parurent fort contens de moi, je ne ſais s'ils l'étoient réellement ; quant à moi, je le fus beaucoup d'être délivré d'eux, & je m'en éloignai le plus vîte poſſible.

Il n'étoit encore que deux heures après midi ; je crus devoir profiter du reſte du jour pour me dédommager du retard forcé

1788, Mars. Le 29.

Départ de Pareiné.

---

pendant quelques minutes, & avec ces ratiſſures, elles frottent & décraſſént aſſez bien les vaſes & autres uſtenſiles de cuiſine.

que je venois d'éprouver; je ne confentis à faire halte qu'à quinze verftes de Pareiné.

Ma route, pendant ce jour & le lendemain, ne m'offrit rien à citer. Je traverfai plufieurs rivières ; aucune n'étoit confidérable, & très-peu avoient quelques arbriffeaux fur leurs bords. En fortant de Pareiné, j'avois quitté la mer, que je ne devois revoir qu'au-delà d'Ingiga. Conféquemment nous n'avions plus la reffource du bois mort que nous trouvions parfois fur le rivage ; cette privation fut notre plus grande peine, par l'embarras d'être fans ceffe à la découverte du moindre arbriffeau, & la crainte de n'en pas rencontrer.

Depuis long-temps je ne vivois que de rennes ; quelque délicate que foit cette viande, il n'en eft pas, je crois, dont on fe laffe plus aifément. Ce qu'il y avoit de pis, c'eft que la provifion que j'en avois faite tiroit à fa fin ; nous n'en mangions plus qu'une fois par jour, nos autres repas fe bornoient à du poiffon fec

& à du loup marin bouilli ; auſſi fus-je
très-flatté de l'heureuſe trouvaille que je
fis ce jour-là de deux perdrix ; je les tuai
& en augmentai d'autant ma marmite. Ce
régal fit une agréable diverſion à l'en-
nuyeuſe uniformité de ma nourriture
journalière.

Un temps ſuperbe favoriſa notre marche ; un ciel ſerein ſembloit nous annoncer
un froid plus vif, tel que nous le ſouhai-
tions, car la neige étoit ſi molle que nos
chiens enfonçoient juſqu'au ventre : chacun de nous, pour leur frayer le paſſage,
étoit obligé de courir devant avec des
raquettes. L'eſpoir d'un beau lendemain
ranima mes conducteurs, & nous fîmes
une bonne journée. Nous ne nous arrêtâmes que fort tard dans un endroit nullement abrité ; pour tout bois il n'y croiſ-
ſoit qu'une eſpèce de petit cèdre réſineux,
rampant & tout tortu.

Avant de me retirer dans ma tente,
j'aperçus pendant la nuit, à l'extrémité de
l'horizon, des nuages de mauvais augure.

D iv

J'avois déjà affez d'habitude du climat
pour pouvoir préjuger du temps fur les
moindres indices, & je communiquai mes
conjectures à mes guides; mais ceux-ci fe
croyoient fur cette matière des connoif-
fances infiniment fupérieures aux mien-
nes; ils me dirent que le coucher du foleil
avoit été trop beau pour que nous euf-
fions à craindre un vilain jour. Jamais, à
les entendre, ils ne s'étoient trompés là-
deffus, & je devois m'en rapporter abfolument à leur expérience. Par réflexion,
je ne fus pas fâché de les voir dans cette
fécurité; cela m'ôtoit l'inquiétude d'être
contraint par eux à paffer la journée dans
le lieu où nous étions : la place n'eût pas
été tenable au premier coup de vent.

Je fus réveillé au point du jour par
un de mes conducteurs; il vint d'un ton
moqueur me preffer de partir, afin de
profiter de la belle journée qui fe préparoit. La lune brilloit encore & le ciel
étoit fans nuages : pendant que je déjeû-
nois, fuivant ma coutume, avec du thé

& du biſcuit de ſeigle, dont le reſte avoit
été mis en réſerve par mes gens, qui
aimèrent mieux s'en priver que de m'en
laiſſer manquer; ils me queſtionnèrent les
uns après les autres ſur ce que je penſois
du temps; c'étoit à qui me plaiſanteroit;
mais je ſoutins mon dire, les engageant
à attendre juſqu'au ſoir pour juger ſi
j'avois eu tort ou raiſon de leur annoncer
un orage.

A peine eûmes-nous levé notre petit
camp, que nous découvrîmes à quelque
diſtance une ſuite de cinq traîneaux
Koriaques conduits par des rennes. Nos
chiens, alléchés par l'odeur de ces animaux, ſe portèrent de ce côté avec une
ardeur étonnante : plus nous avancions,
plus ces Koriaques s'éloignoient; j'imaginai d'abord que c'étoit l'effet de leur
défiance naturelle; mais aux cris & à
l'emportement de nos chiens, je compris
qu'ils étoient la cauſe de l'effroi qu'inſ-
piroit notre approche. En effet, ils ſe
feroient infailliblement élancés ſur les

1788,
Mars.
Le 31.

Rencontre
de Koriaques
nomades.

rennes, s'ils euſſent été plus à portée. J'ordonnai donc de faire halte : le diffi-cile fut de retenir nos courſiers ; nous n'y parvînmes qu'avec beaucoup de pèine. Nous cherchâmes, par des ſignes, à faire comprendre à ces Koriaques que notre but étoit d'avoir avec eux un moment d'entretien. Alors ils parurent tenir con-ſeil ; aū bout de quelques minutes, un d'eux ſe détacha pour venir à nous ; mais s'arrêtant à trois cents pas, il nous invita de même par ſignes à lui envoyer auſſi quelqu'un des nôtres, & ſur-tout à con-tenir nos chiens. Je chargeai en conſé-quence un de mes ſoldats d'aller avec ſes raquettes au devant de ce Koriaque, & de lui demander quelle route ils te-noient, d'où ils venoient, s'ils ne ſavoient rien de relatif à M. Kaſloff, & principa-lement à quelle diſtance à peu-près nous étions encore d'Ingiga.

Une demi-heure après, mon émiſſaire revint avec les renſeignemens ſuivans. Ces Koriaques étoient nomades ; ils alloient rejoindre leurs familles qu'ils avoient quittées pour aller vendre à Ingiga des peaux de rennes & y voir leurs amis; ils croyoient y avoir entendu parler d'un renfort de chiens & de provisions, envoyé depuis peu à la rencontre de M. le commandant, mais ils n'en avoient aucune autre certitude. Quant à notre éloignement de cette ville, leurs réponses se trouvoient parfaitement d'accord avec l'opinion de mon guide que je venois d'interroger peu d'instans auparavant, à l'occasion d'un nouveau débat survenu entre mes gens & moi : voici ce qui y donna lieu.

Pendant que nous attendions le retour de ce soldat, je vis passer rapidement au-dessus de nous, quelques nuages dont la forme & la direction m'affermirent dans l'idée que nous étions menacés d'une tempête prochaine. Mon soldat Golikoff ne fut pas moins incrédule que les autres, il eût volontiers parié le contraire; cependant il convenoit que jusqu'à présent

1788.
Mars.
Le 31.

Dispute entre mes gens & moi sur le temps.

1788,
Mars.
Le 31.

l'événement avoit prefque toujours juftifié mes pronoftics ; il m'avoit même, difoit-il, annoncé aux Koriaques comme prophète en ce genre, & il fouffroit de me voir tout-à-coup pris en défaut & tomber en difcrédit.

Cet aveu naïf me parut d'autant plus plaifant, que mes conducteurs en étoient témoins. Il me fit naître l'envie de m'amufer à mon tour de leur ignorante fimplicité. La circonftance étoit favorable ; je leur répétai que dans deux heures au plus, ils feroient convaincus de mon favoir, mais qu'avant tout, ils devoient m'avertir fi nous rencontrerions fur notre chemin quelque endroit où nous mettre à l'abri. » Aucun, me répondit l'un d'eux ; jufqu'à » la rivière d'Ingiga nous n'aurons à tra- » verfer qu'une plaine immenfe & nue, » où l'œil découvre à peine quelques » inégalités provenant du fol ou d'amas » de neiges apportées par les ouragans, » & durcies par la gelée ». Cet éclairciffe- ment m'embarraffa, prévoyant que nous allions être contraints de revenir fur nos pas, pour nous réfugier auprès d'un petit bois que nous venions de paffer; nous n'en étions guère qu'à une demi-lieue, mais l'opiniâtreté de mes guides à foutenir que nous n'avions rien à craindre leva la difficulté. Enhardis par leur prétendue expérience, ils furent d'avis de pourfuivre notre route; c'étoit ce que je defirois, dans l'efpérance d'arriver le foir à Ingiga.

Pour exécuter plus fûrement mon projet, je me promis d'avoir recours à ma bouffole, qui feule pouvoit nous conduire à travers les tourbillons. Je m'informai donc au plus expert de mes conducteurs dans quelle direction fe trouvoit Ingiga; il me l'indiqua fur le champ, en faifant remarquer dans le lointain une montagne dont la cîme fembloit fe perdre dans les nues. « La ville, me dit-il, eft » à quelques verftes en deçà & dans le » même alignement; nous en fommes encore éloignés de cinquante à cinquante-

1788, Mars. Le 31.

Je fais ufage de ma bouffole, au grand étonnement de mes guides.

cinq verftes ». Je l'interrompis pour relever l'air de vent où elle me reftoit, & pour calculer avec ma montre la vîteffe de notre marche. Depuis la couchée nous avions fait fix à fept verftes par heure; mais je devois m'attendre à aller beaucoup plus lentement lors de l'ouragan, auffi ne comptai-je que fur trois verftes. Il étoit fix heures du matin, & d'après mon calcul, j'avois l'efpoir d'être à Ingiga avant minuit. J'appris encore de mon guide que pour gagner la rivière qui y mène, il nous falloit atteindre une forêt très-vafte qu'elle partage; cela acheva de me tranquillifer : l'immenfe étendue de ce bois à droite & à gauche, m'affuroit que nous ne pouvions le manquer ni nous égarer.

Toutes ces mefures prifes, je déclarai à mes gens que je ne demandois pas mieux auffi que d'avancer, mais que j'étois réfolu de ne point m'arrêter, quelque chofe qui arrivât. Je leur recommandai de me prévenir dès qu'ils croiroient ne

pouvoir plus reconnoître leur chemin,
me propofant alors de les conduire. Le
férieux avec lequel je leur donnai cet
ordre, les interdit ; ils fe regardoient d'un
air étonné, n'ofant pas me dire nette-
ment que j'extravaguois : le plus hardi
pourtant prit la parole pour me repré-
fenter que n'ayant jamais fait cette route,
je ne pouvois prendre fur moi de les
guider fans rifquer de nous perdre tous,
& que fans doute je voulois plaifanter.
Pour toute réponfe, je les renvoyai brufquement chacun à leur traîneau, en menaçant de faire punir celui qui n'obéiroit
pas, & en même temps je donnai le fignal
du départ.

A huit heures & demie nous avions
fait environ quinze verftes ; il ne m'en
reftoit plus que quarante fuivant mon
calcul, mais il y avoit déjà près d'une
heure que l'horizon fe couvroit de nuages
fombres ; on voyoit la tempête s'approcher par degrés, & le vent commençoit
à foulever la neige par tourbillons. Mes

compagnons gardoient le silence, l'effroi agissoit sur eux presque autant que la confusion ; ils ne savoient où ils en étoient. Bientôt l'ouragan nous assaillit avec tant de violence, qu'il mit en déroute plusieurs de nos traîneaux : à force de cris on les rallia ; mes conducteurs s'avouant vaincus, vinrent me conjurer de faire halte, quoique nous fussions en rase campagne ; aveuglés par le vent qu'ils avoient en face, ils craignoient de nous égarer.

Je leur rappelai ma promesse, & persistai à vouloir passer devant ; j'ordonnai que tous les traîneaux se suivissent d'aussi près qu'il seroit possible, afin qu'au moindre accident on pût s'entendre & se porter secours ; puis à l'aide de ma boussole que j'avois attachée sous ma fourrure pour l'avoir sans cesse sous les yeux, je me mis en devoir de diriger notre caravane. Nous voyageâmes dans cet ordre le reste de la journée, & je pourrois dire au milieu des ténèbres, car le soldat qui montoit le traîneau, suivant immédiatement

le

le mien, étoit invifible pour moi; à peine diftinguois-je fes premiers chiens.

Vers les fept heures du foir, fatigué des plaintes & des remontrances de mes gens qui ne ceffoient de demander à s'arrêter, & jugeant d'ailleurs que nous ne devions être qu'à cinq ou fix verftes du bois, je les affurai que fi nous ne l'avions pas atteint à neuf heures, nous ne marcherions pas plus avant dans la nuit, à moins qu'arrivés au bois & à la rivière, ils n'aimaffent mieux pouffer tout de fuite jufqu'à Ingiga, dont nous ferions fi près; mais que je les laifferois les maîtres de faire ce qu'ils jugeroient à propos. Cette condition parut les calmer, non qu'ils fe cruffent auffi avancés qu'ils l'étoient; probablement même ils penfoient n'être plus fur la route, & ils n'afpiroient à fe repofer que dans l'efpérance de pouvoir avec le jour retrouver la voie.

J'entrevis, à huit heures trois quarts, comme un voile fombre qui fe développoit devant nous. L'objet s'étendoit &

noircissoit à mesure que nous en approchions; un instant après, mes conducteurs s'écrièrent qu'ils apercevoient des arbres & qu'ils étoient sauvés; en effet, nous étions dans la forêt d'Ingiga : je les envoyai quelques pas en avant pour se reconnoître, & bientôt ils revinrent transportés de joie, me dire que nous touchions à la rivière.

Le ton respectueux avec lequel ils me firent ce rapport me divertit beaucoup. En me remerciant de les avoir si bien conduits, le Koriaque soutenoit qu'aucun de leurs chamans n'avoit rien fait de si merveilleux : avoir prédit le mauvais temps, quand tout à leurs yeux sembloit annoncer le contraire; avoir su ensuite les guider & les préserver au milieu de cette *pourgua (u)*, tant de sagacité lui paroissoit surnaturelle. La reconnoissance des autres gens de ma suite étoit presque aussi folle; ils ne pouvoient revenir de leur étonnement. En vain je leur montrois ma

---

(u) C'est ainsi qu'ils nomment ces tempêtes.

bouſſole, en vain je voulus leur expliquer comment elle avoit fait toute ma ſcience; ils finirent par me dire qu'un tel grimoire n'étoit intelligible que pour des ſavans comme moi, inſtruits dans l'art magique.

J'étois bien perſuadé que ſe trouvant à ſi peu de diſtance d'Ingiga, ils ne ſe ſoucieroient plus de s'arrêter; chacun étoit impatient de revoir ſa femme, d'embraſſer ſes enfans. Loin d'accepter ma propoſition de camper dans ce bois, ils me preſsèrent de gagner la rivière, ne demandant que trois heures pour arriver chez eux. Nous deſcendîmes donc ſur le rivage, que nous cotoyâmes juſqu'à la hauteur de la ville; là, il nous fallut traverſer la rivière qui en baigne les murs. La glace étoit aſſez ſolide, mais la violence du vent avoit couvert d'eau ſa ſuperficie, de ſorte que nous eûmes les pieds très-mouillés.

Aux portes d'Ingiga, je ſubis l'interrogatoire d'uſage dans les places fortifiées, & fus obligé d'attendre qu'on eût averti le commandant. Prévenu dès long-temps

1788,
Mars.
Le 31.

Arrivée à
Ingiga.

E ij

de mon paffage, M. le major Gaguen eut l'honnêteté de venir auffitôt me recevoir & de m'offrir fa maifon. A onze heures & demie précifes, j'entrai dans cette ville, la plus confidérable & la plus peuplée que j'euffe encore vue dans ma route.

Située fur la rivière du même nom, à trente verftes de fon embouchure, elle préfente au dehors une enceinte carrée, défendue par une paliffade dont la hauteur & l'épaiffeur m'ont étonné, & par des baftions en bois qui s'élèvent fur pilotis aux quatre angles de la place; chacun de ces baftions eft armé de canons, & renferme diverfes munitions de guerre; des fentinelles les gardent nuit & jour (x) ainfi que les trois portes de la ville, dont une feule eft ouverte. Devant la maifon du

____

(x) Ils font fans ceffe fur le qui vive, de crainte de furprife de la part des Koriaques des environs, dont le génie mutin & hardi les porte fréquemment à la révolte, & à venir attaquer la ville au moment où l'on s'y attend le moins. Auffi ne leur eft-il pas permis d'y féjourner long-temps, lorfque le commerce les y amène.

commandant eſt une petite place; un corps-de-garde ſur un des côtés en défend l'accès. Je ne fus pas moins frappé de la conſtruction des maiſons; toutes ſont en bois & fort baſſes, mais toutes ont une façade preſque régulière, & l'on voit qu'on a adopté un même plan pour chacune. M. Gaguen ſe propoſe d'embellir ainſi peu-à-peu ſa ville. Les iſbas bâtis depuis ſon arrivée, joignent à une apparence agréable toutes les commodités intérieures dont ces habitations ſoient ſuſceptibles. Il a en outre le projet de faire rebâtir l'égliſe, dont la conſtruction eſt choquante, & d'ailleurs menace ruine.

La population eſt de quatre ou cinq cents habitans, tous négocians ou attachés au ſervice. Ces derniers font la majeure partie & compoſent la garniſon; ils ſont aſſujettis à une diſcipline ſévère, que le fréquent beſoin de ſe défendre rend indiſpenſable. La vigilance & le zèle du commandant ne laiſſent rien à deſirer à cet égard. Les tribunaux ſont les mêmes qu'à Nijenei-Kamtſchatka.

1788,
Avril.
Le 1.er
A Ingiga.

E iij

1788,
Avril.
Le 1.ᵉʳ
A Ingiga.
Commerce.

Le commerce d'Ingiga confiste en fourrures, & principalement en peaux de
rennes. En général, les pelleteries y offrent
plus de diverfité qu'au Kamtfchatka; elles
m'ont auffi paru d'une qualité fupérieure.
C'eft bien de cette péninfule qu'on tire
les peaux de loutres & d'ours marins, mais
les martres zibelines y font moins belles
qu'ici, où elles font cependant plus rares.
En outre, les Kamtfchadales n'ont point
de martres communes *(y)*, des petits gris,
des rats d'Amérique appelés *riffei*, que les
Koriaques fe procurent par échange des
Tchouktchis leurs voifins, & qu'ils im-
portent à Ingiga avec leurs peaux de
rennes. Celles-ci s'y vendent brutes & à
très-bon compte; elles font enfuite tannées & travaillées avec un art d'autant
plus admirable, que l'activité laborieufe
des ouvriers fait fe paffer des inftrumens
inventés par l'induftrie Européene. La
fineffe & la beauté de leurs ouvrages ne

(y) Les Ruffes nomment cette efpèce de martre
kounits.

le cèdent qu'à la folidité. On voit fortir de leurs mains des gants, des bas parfaitement faits; les coutures & les broderies font de poil de renne, de foie, d'or, & feroient honneur à nos plus habiles gantiers.

Mais il eft temps de rendre compte des ufages des Koriaques; je n'en ai différé la defcription jufqu'à préfent que pour la donner plus étendue. Aux notions acquifes à mon paffage en leurs divers eftrogs, j'ai voulu joindre des obfervations plus exactes, appuyées fur des récits dignes de foi. C'eft ici, c'eft dans mes entretiens avec M. Gaguen & quelques autres principaux habitans, que j'ai cherché à puifer des lumières fur cet objet; mais l'homme qui m'a été le plus utile eft un Koriaque qu'avant tout je dois faire connoître.

Je l'avois trouvé d'abord à Kaminoi. Surpris des honnêtetés que M. Schmaleff lui faifoit, je m'empreffai de demander le rang & l'état de ce perfonnage; on me

1788,
Avril.
Le 1.er
A Ingiga.

Détails fur un prince Koriaque nommé Oumiavin.

E iv

dit que c'étoit un *zaſſédatel* ou juge d'Ingiga, venu à notre rencontre pour nous offrir ſes ſervices. Sa facilité à s'exprimer en Ruſſe, & la juſteſſe de ſon eſprit me charmèrent; je l'euſſe pris pour un Ruſſe, ſi dans le même inſtant il n'eût parlé ſa langue naturelle : je ſus alors qu'il étoit prince Koriaque, ſe nommoit *Oumiavin*, & étoit frère d'un chef de Koriaques nomades.

La curioſité me porta à lui faire mille queſtions; il y répondit avec une fineſſe & une ſagacité que je n'avois vues dans aucun de ſes compatriotes. La poſſibilité de cauſer avec lui ſans le ſecours d'un interprète, me rendoit ſa converſation plus précieuſe, & tant que je reſtai à Kaminoi, elle fut pour moi une ſource de plaiſirs & d'inſtructions. Des divers objets que nous traitâmes, le plus intéreſſant fut la religion; auſſi inſtruit du culte des Ruſſes que de celui des Koriaques, il n'en profeſſoit réellement aucun. Il ſembloit cependant diſpoſé à ſe faire baptifer, dès qu'il feroit plus éclairé fur certains points qu'il ne concevoit pas. Plein d'admiration pour la fublimité des préceptes de l'évangile & pour la pompe majeftueufe du culte extérieur, il convenoit que rien n'étoit plus capable de lui infpirer le défir d'embraffer le chriftianifme; mais le rigorifme impérieux de quelques-unes de nos pratiques religieufes *(z)*, l'incertitude d'une béatitude célefte, & fur-tout l'idée d'un Dieu menaçant d'une éternité de fouffrances, le rempliffoient de terreur & d'inquiétude. Au milieu de toutes fes rêveries, de toutes fes abfurdités, la religion de fon pays, difoit-il, offroit au moins plus d'efpérance que de crainte; elle ne lui annonçoit des peines qu'en ce monde, & lui promettoit des récompenfes dans l'autre; l'efprit méchant ne pouvoit le tourmenter que durant fa vie; le bonheur l'attendoit à fa mort.

1788.
Avril.
Le 1.or
A. Ingigin

(z) Il étoit principalement effrayé du jeûne, qu'on fait être très-auftère & très-fréquent chez les Grecs.

1788,
Avril.
Le 1.er
A Ingiga.

Agitée par toutes ces réflexions, son ame flottoit dans le doute & dans une perplexité continuelle; il n'osoit ni renoncer ni s'en tenir à la foi de ses pères; il en rougissoit, il en chérissoit les erreurs.

La naïveté avec laquelle il m'avoua son irrésolution, m'intéressa d'autant plus, que je démêlai dans ses discours & dans son cœur, un fond de vertu peu commun, & particulièrement l'amour de la vérité. Pour fixer cet esprit indécis, il eût fallu commencer par le dégager des préjugés qui l'offusquoient, & qui prenoient leur source dans les faux principes qui lui avoient été donnés. Tout autre que moi eût peut-être entrepris de les détruire; j'en fus détourné par la crainte de voir ma tentative inutile, n'ayant eu que peu de temps à passer avec lui & à Kaminoi & à Ingiga, où il arriva un jour après moi, ainsi qu'il me l'avoit promis. Il m'y rendit les plus grands services par son attention à me fournir tous les éclaircissemens que je souhaitois sur son pays, & à prevenir mes déſirs & mes beſoins pour la ſuite de mon voyage.

Entre les Koriaques fixes & les nomades, il exiſte à bien des égards une grande reſſemblance. Le peu d'union, je dirai plus, la méſintelligence qui règne parmi eux, en paroît plus étrange; on diroit que ce ſont deux peuples différens, ſéparés par des barrières immenſes. Ils ont pourtant la même patrie; elle embraſſe une vaſte étendue, terminée au ſud par la preſqu'île du Kamtſchatka & par le golfe de Pengina; à l'eſt, par le pays des Olutériens; au nord, par celui des Tchouktchis; & à l'oueſt, par les Toungouſes, les Lamoutes & les Yakoutes.

On aſſure qu'autrefois cette contrée fut extrêmement peuplée, mais que la petite vérole y a fait de grands ravages; je doute qu'elle ait enlevé plus d'habitans que leurs fréquens démêlés avec les Ruſſes & leurs autres voiſins. Le nombre des Koriaques fixes n'eſt guère aujourd'hui que de neuf cents; & quoiqu'il ſoit preſque impoſſible

1788.
Avril.
Le 1.er
A Ingiga.
Étendue du territoire des Koriaques.

Population.

1788 ,
Avril.
Le 1.er
A Ingiga.
Mœurs des Koriaques fixes.

de calculer au jufte la population des nomades, on ne penfe pas qu'elle excède de beaucoup celle des autres Koriaques.

Les mœurs de ceux-ci ne font rien moins qu'eftimables ; ce n'eft qu'un mélange de duplicité, de méfiance & d'avarice. Ils ont tous les vices des nations du nord de l'Afie, fans en avoir les vertus ; voleurs par caractère, ils font foupçonneux, cruels, ne connoiffant ni la bienveillance ni la pitié. Pour obtenir d'eux le moindre fervice, il faut avant tout leur en montrer, leur en délivrer même la récompenfe *(a) :* il n'y a que les préfens qui puiffent les émouvoir & les faire agir.

Avec ce génie perfide & farouche, il eût été difficile qu'ils vécuffent en paix, ni qu'ils formaffent des liaifons durables avec leurs voifins. De cet efprit d'infociabilité dut naître l'horreur d'une domi-

---

(a) Je conviendrai que je n'ai pas eu autant à me plaindre des Koriaques nomades. En général, je les ai trouvés plus francs, plus officieux, & je ne tarderai pas à en donner la preuve.

nation étrangère : de-là, leur continuelle infurrection contre les Ruffes, leurs brigandages atroces, leurs incurfions journalières chez les peuples qui les entourent ; de-là, les vengeances refpectives fans ceffe renaiffantes.

1788,
Avril.
Le 1.er
A Ingiga.

Cet état de guerre entretint la férocité dans tous les cœurs ; l'habitude de fe défendre & d'attaquer, leur donna cette inflexibilité de courage qui perpétue les combats & fe fait une gloire du mépris de la vie. La fuperftition concourut à anoblir à leurs yeux cette foif du fang, en leur impofant la loi de périr ou de tuer. Plus la caufe qui leur fait prendre les armes eft grave, plus ils font avides de la mort. La valeur, fe nombre de leurs adverfaires n'ont rien qui les épouvantent ; c'eft alors qu'ils jurent de *perdre le foleil.* Ils rempliffent ce terrible ferment en égorgeant leurs femmes, leurs enfans, en brûlant tout ce qu'ils poffèdent, & en fe précipitant enfuite avec fureur au milieu de leurs ennemis. Le combat ne finit que

Inflexibilité de
courage de tous
les Koriaques.

1788,
Avril.
Du 1.er au 6.
A Ingiga.

par la deſtruction totale d'un des deux partis : on ne voit point les vaincus chercher leur ſalut dans la fuite; l'honneur l'interdit aux Koriaques, aucun ne veut ſurvivre au carnage de ſes compatriotes.

Genre de vie des Koriaques fixes.

Juſqu'à préſent le voiſinage des Ruſſes n'a produit nul changement dans le genre de vie des Koriaques ſédentaires ; les liaiſons de commerce qui les rapprochent de ces étrangers, ne les ont rendus ſenſibles qu'à l'attrait des richeſſes & du pillage. Indifférens ſur les avantages d'une vie plus policée, ils ſemblent repouſſer la civiliſation , & regarder leurs mœurs & leurs uſages comme les meilleurs poſſibles *(b)*.

(b) Long-temps les Koriaques nomades ſe montrèrent encore plus intraitables ; l'indépendance à laquelle ils étoient accoutumés, cette inquiétude naturelle qui les caractériſe, ne les diſpoſoient guère à ſubir le joug : d'ailleurs l'envie de dominer rendit peut-être, dans l'origine, les Ruſſes peu modérés; peut-être n'employèrent-ils pas autant d'art pour ſe

La chasse & la pêche font leur occupation habituelle; mais toutes les saisons ne permettent pas d'y vaquer. Pendant ces intervalles, enterrés dans leurs demeures profondes, ils dorment, fument & s'enivrent; sans soucis pour l'avenir, sans regret du passé, ils ne sortent de

1788,
Avril.
Du 1.er au 6.
A Ingiga.
Occupations.

faire aimer que pour se faire craindre ; ce qu'il y a de sûr, c'est qu'ils eurent le regret de voir des hordes entières se disperser tout-à-coup à la moindre apparence de l'oppression, & s'enfuir de concert loin des villes où l'appât du commerce eût donné l'espoir de les fixer. Ces fréquentes évasions eurent lieu jusqu'à l'arrivée de M. le major Gaguen. Par la douceur de son commandement, ses invitations réitérées & des institutions avantageuses, il a su rappeler successivement ces familles fugitives : d'abord il en est revenu une, puis deux, puis trois ; la force de l'exemple, une sorte d'émulation en attirèrent d'autres ; on comptoit déjà onze yourtes Koriaques autour d'Ingiga lors de mon passage.

Mais en quoi j'ai trouvé que l'adroite politique de M. Gaguen avoit mieux préparé le succès des vues de sa souveraine, c'est en ce qu'il a profité des rapports nécessités par le commerce, pour établir peu-à-peu entre les Russes & les Koriaques fixes ou nomades des environs, une réciprocité de secours,

leurs yourtes que lorsqu'une nécessité urgente les y contraint.

Plus vastes que celles des Kamtschadales du nord, elles présentent à peu-près les mêmes distributions ; je ne sais si la mal-propreté n'y est pas encore plus

1788,
Avril.
Du 1.er au 6.
A Ingiga.
Demeures.

une sorte de convention d'individu à individu, qui retrace l'antique hospitalité , & qui sera à coup sûr le germe d'une révolution dans les mœurs des derniers.

Un Koriaque se voit-il obligé , pour ses affaires, de passer la nuit dans la ville , il va demander asile à son ami Russe. Sans autre façon , il s'impatronise chez son hôte qui se fait un devoir de l'accueillir, d'étudier, de prévenir ses goûts & ses besoins ; rien n'est épargné pour le bien traiter, c'est-à-dire, pour l'enivrer complettement. De retour dans ses foyers, il se plaît à raconter l'accueil flatteur qu'il a reçu. C'est une obligation , une dette sacrée qu'il s'empresse d'acquitter aussitôt que l'occasion s'en présente : cela a bien son agrément, sur-tout pour le soldat Russe qui est dans le cas de faire de fréquens voyages dans les bourgades voisines. La reconnoissance du Koriaque envers son ami, ne se borne pas à lui donner un gîte, à le régaler, à lui fournir des vivres pour continuer sa route ; il le protège, il devient son défenseur même contre ses compatriotes.

révoltante.

révoltante : on n'y trouve ni porte, ni *joupan* ou ventoufe, auffi la fumée y eſt-elle infupportable.

Ce peuple ennemi du travail, vit comme celui du Kamtſchatka, de poiſſon ſec, de chair & de graiſſe de baleine & de loup marin *(e);* l'une eſt ordinairement mangée crue, l'autre ſe fait ſécher & cuire de la même manière que le poiſſon, mais les nerfs, la moëlle, la cervelle & ſouvent des morceaux entiers de chair, ſont dévorés tout crus avec une féroce avidité. La viande de renne eſt la plus eſtimée; les Koriaques en tirent le même parti que du loup marin, de la baleine & des autres animaux qu'ils chaſſent. Ils ſe nourriſſent auſſi de végétaux; ils recueillent en automne diverſes ſortes de baies : une partie de la récolte

1788, *Avril.* Du 1.er au 6. A Ingiga. Alimens.

(c) Tous les Koriaques que j'ai rencontrés ſur ma route depuis Pouſtaretsk, ne ſouffroient pas moins de la diſette que les habitans de ce hameau. De l'écorce de bouleau mêlée avec de la graiſſe de loup marin, faiſoit alors toute leur nourriture.

Partie IIe   F

1788,
Avril.
Du 1.ᵉʳ au 6.
A Ingiga.

fert à faire des boiſſons rafraîchiſſantes *(d)*, le reſte eſt écraſé & pétri avec de l'huile de baleine ou de loup marin. Cette pâte ou confiture s'appelle *toltchoukha :* on en fait le plus grand cas dans le pays, mais à mon goût, il n'eſt rien d'auſſi mauvais.

Breuvages.

Leur paſſion pour les liqueurs fortes, irritée par la cherté de l'eau-de-vie & la difficulté de s'en procurer à ſouhait, vû leur extrême éloignement, leur a fait imaginer un breuvage auſſi capiteux, qu'ils tirent d'un champignon rouge, connu en Ruſſie pour un poiſon violent, ſous le nom de *moukhamorr (e)*. Ils le mettent dans un vaſe avec quelques fruits, & à peine lui donnent-ils le temps de ſe clarifier ; les amis ſont invités ; une noble rivalité enflamme lesconvives, c'eſt

---

(d) Les rivières qui avoiſinent les oſtrogs, ſont preſque toutes ſi petites, qu'au premier froid elles ſont entièrement priſes, & pendant plus de la moitié de l'année, les habitans ſont réduits à s'abreuver avec de la neige ou de la glace fondue.

(e) On s'en ſert dans les maiſons en Ruſſie, pour détruire les inſectes.

à qui aidera mieux le maître du logis à se débarrasser de son nectar : la fête dure un, deux ou trois jours, jusqu'à ce que la provision soit épuisée. Souvent, pour être plus sûrs de perdre la raison, ils mangent en même temps de ce champignon tout cru. Il est inconcevable qu'il n'y ait pas plus d'exemples des suites funestes de cette ivresse. J'ai vu pourtant des amateurs en être sérieusement incommodés, & avoir de la peine à se remettre ; mais l'expérience ne les corrige pas, à la première occasion ils n'écoutent que leur aveugle & brutale intempérance : car ce n'est pas précisé-ment chez eux sensualité, ce n'est pas le plaisir de savourer la liqueur qui, une fois qu'ils en ont goûté, leur devient un besoin irrésistible ; ils ne cherchent dans ces or-gies que l'oubli de soi-même, que cet état de défaillance, d'abrutissement total, cette cessation d'existence, si je puis ainsi m'exprimer ; voilà leur unique jouissance, voilà pour eux le vrai bonheur.

Les traits du plus grand nombre n'ont

1788.
Avril.
Du 1.er au 6.
A Ingiga.

Physionomies,

F ij

rien d'Afiatique ; fans la petiteffe de leur taille , les vices de leurs formes & la couleur de leur peau , ils reffembleroient affez aux Européens. Les autres Koriaques ont le même caractère de phyfionomie que les Kamtfchadales ; parmi les femmes fur-tout , il en eft peu qui n'ayent les yeux tirés , le nez écrafé , les joues faillantes. Les hommes font prefque imberbes & portent les cheveux très-courts ; les femmes les négligent beaucoup, & les laiffent communément flotter fur leurs épaules ; quelques-unes les relèvent en treffes ou les enveloppent d'un mouchoir.

Quant à l'habillement des hommes & des femmes, il eft tel que je l'ai décrit à mon paffage à Koriagui & à Pouftaretsk.

Les femmes portent leurs enfans dans un berceau dont la forme m'a paru fingulière ; c'eft une manière de niche ou de hotte cintrée par en haut, dans laquelle l'enfant eft affis & à couvert.

Parmi les ufages les plus bizarres, je citerai l'épreuve à laquelle fe dévoue le

jeune homme qui veut fe marier. A-t-il
fixé fon choix, il vient fe préfenter aux
parens de fa maîtreffe, s'offrant de travailler, c'eft le terme ; auffitôt on couvre
la fille d'un nombre infini de vêtemens
qui la cachent à tel point, qu'à peine lui
voit-on le vifage. Elle n'eft plus feule un
inftant, fa mère & plufieurs vieilles ma-
trones la fuivent par-tout, couchent à
côté d'elle, & ne la perdent jamais de vue
fous aucun prétexte. L'art de l'amant,
tous fes foins doivent tendre au bonheur
de toucher à nu fa bien aimée ; il n'eft
que ce moyen de l'obtenir. Cependant
il remplit avec zèle & réfignation tous
les devoirs que les parens lui impofent :
devenu, pour ainfi dire, l'efclave de la
famille, il eft chargé de tous les travaux
domeftiques, comme d'aller couper le
bois, d'aller chercher l'eau ou de faire
les approvifionnemens de glace, &c. L'a-
mour, la préfence de fa future lui donnent
du courage ; un feul regard, fût-il indif-
férent, lui fait oublier fes fatigues & les

1788,
Avril.
Du 1.er au 6.
A Ingiga.

ennuis de la servitude: l'espoir d'en abréger la durée dirige toutes ses actions; l'œil constamment attaché sur l'idole de son cœur, il épie ses mouvemens, suit ses pas, se jette sans cesse sur son passage. Mais le moyen de tromper l'escorte d'argus qui l'environne! c'est une lutte continuelle de la vigilance contre l'adresse; chacun s'observe & agit avec une égale ardeur, une égale constance: on diroit à tant d'empressement, à cette agitation passionnée de l'amant, aux mesures prises pour déconcerter ses manœuvres, qu'il s'agit de l'enlèvement d'une beauté rare. Qui croiroit que l'objet des vœux & des pensées du Koriaque soupirant est la laideur même, & qu'il n'aspire, pour prix de tant de peines, qu'à toucher une peau calleuse, jaune & luisante? Dans ses momens de loisir, libre de voir, d'approcher sa maîtresse, parfois il tente de la mériter par quelque attouchement furtif; mais le nombre, l'épaisseur des vêtemens lui opposent une barrière invincible. Furieux le tant d'obſtacles, il arrache, il déchire ces habits importuns. Malheur au témé-raire s'il eſt ſurpris dans ſa tentative! les parens, les inflexibles ſurveillantes fon-dent ſur lui & le forcent à lâcher priſe. C'eſt ordinairement à coups de pied ou de bâton qu'on le prie de ſe retirer & de mieux choiſir ſon temps : s'il réſiſte, il eſt traîné par les cheveux, ou les ongles de ces vieilles mégères s'impriment ſur ſa figure; s'il ſe rebute, s'il murmure de ce cruel traitement, il eſt congédié ſur l'heure, & perd pour toujours ſes droits à cette alliance, ce qui eſt le plus inſigne affront que puiſſe recevoir un amoureux Koriaque. Mais les difficultés rendent ſes déſirs plus vifs; loin de ſe plaindre, loin de ſe décourager de tant de rigueurs, il croit en devenir plus digne de la félicité qu'il s'eſt promiſe ; il ſe réjouit, il ſe fait gloire de toutes les tribulations qu'il éprouve dans ſon galant & pénible ſer-vage. Ce n'eſt ſouvent qu'au bout de deux, de trois années, plus ou moins,

1788, *Avril.* Du 1.ᵉʳ au 6. A Ingiga.

F iv

qu'il parvient au terme de son travail, à ce but si difficile à atteindre : fier de sa victoire, il se hâte de l'annoncer aux parens de sa conquête. Les témoins sont appelés, la fille est interrogée *(f)*; il faut son aveu, il faut la preuve qu'elle a été surprise, qu'elle a fait de vains efforts pour se défendre ; alors, sa main est accordée à son vainqueur, dont on exige encore un délai, pour s'assurer si la demoiselle pourra s'habituer à vivre avec lui. De ce moment, exempt de tous travaux, il fait sa cour sans gêne à sa future épouse, qui n'est pas fâchée elle-même de se voir délivrée du fardeau de ses nombreux habits. Il est rare qu'elle prolonge long-temps cette seconde épreuve : bientôt, en présence de sa famille, elle accorde son consentement à son mari, & cela suffit pour le faire entrer dans tous

---

(f) Il est probable que la belle n'est pas toujours insensible, & qu'aussi impatiente que son amant de faire cesser ce laborieux noviciat, elle ne tarde pas à s'avouer touchée, quoiqu'il n'en soit rien.

ſes droits. La cérémonie & la fête nup-
tiales ſe bornent à une aſſemblée de parens
qui s'enivrent à l'envi, à l'exemple des
époux. La pluralité des femmes paroît
être interdite aux Koriaques ; cependant
j'en ai vu qui ſe la permettoient ſans
aucun ſcrupule.

1788,
Avril.
Du 1.ᵉʳ au 6.
A Ingiga.

Leurs funérailles tiennent beaucoup Funérailles.
des antiques inſtitutions du paganiſme,
encore en uſage chez différens peuples
barbares du nouvel hémiſphère. Un Koriaque eſt-il mort, ſes proches, ſes alliés ſe
raſſemblent pour lui rendre les derniers
devoirs ; ils dreſſent un bûcher, ſur lequel
on dépoſe une partie des richeſſes du défunt & une proviſion de vivres, comme
rennes, poiſſons, eau-de-vie, en un mot,
tout ce dont on préſume qu'il peut avoir
beſoin pour faire le grand voyage, &
pour ne pas mourir de faim en l'autre
monde. Si c'eſt un Koriaque nomade,
ſes rennes le conduiſent au bûcher ; ſi
c'eſt un Koriaque fixe, il eſt traîné par
ſes chiens ou porté par ſes parens. Le

1788,
Avril.
Du 1.er au 6.
A Ingiga.

cadavre eſt expoſé vêtu de ſes plus beaux habits & couché dans une eſpèce de cercueil; là, il reçoit les adieux des aſſiſtans qui, armés de torches, ſe font un honneur de réduire promptement en cendres leur parent ou leur ami. Sa perte ne cauſe que les regrets de l'abſence, & non ceux d'une ſéparation éternelle; il n'y a point de deuil, & la pompe funèbre ſe termine par une orgie de famille, où les vapeurs des breuvages & du tabac effacent peu à peu le ſouvenir du mort. Au bout de quelques mois de viduité, il eſt permis aux femmes de ſe remarier.

Ces pratiques ſuperſtitieuſes obſervées dans les funérailles, la courte douleur de ceux qui ſurvivent à un être qui peut leur être cher, ſont à mon avis une preuve évidente de leur indifférence pour la vie, dont la brièveté ne les étonne ni ne les afflige. Leur ſyſtème religieux les leurre apparemment de l'eſpoir conſolant d'une continuité d'exiſtence; la mort n'eſt à leurs yeux qu'un paſſage à une autre vie : en quittant le monde, ils ne croyent pas cesser de jouir, ce sont d'autres jouissances qu'ils vont retrouver. Ce préjugé flatteur, que j'ai déjà fait connoître par le récit de ma première conversation avec Oumiavin, donne la meilleure raison de ses incertitudes en matière de religion, & du courage féroce de ses compatriotes. Mais leurs dogmes absurdes demandent à être plus développés, bien que le culte dont ils font la base soit très-simple, & que le merveilleux en soit peu séduisant : voici à quoi se réduit la théogonie des Koriaques *(g)*.

Ils reconnoissent un Etre suprême, créateur de toutes choses. Dans l'opinion de ces peuples, il habite le soleil, dont le globe enflammé leur paroît le palais, le trône du maître de la nature ; peut-être même le confondent-ils avec ce feu céleste qu'ils lui supposent pour demeure. Ce qui m'autoriseroit à le penser, c'est

1788,
Avril.
Du 1.er au 6.
A Ingiga.

Religion.

____

(g) C'est également celle des Tchouktchis & jadis celle des Kamtschadales, avant l'introduction du christianisme.

1788,
Avril.
Du 1.er au 6.
A Ingiga.

qu'ils ne le craignent ni ne l'adorent ; jamais aucune prière lui est adréssée : la bonté, disent-ils, est son essence, il ne sauroit nuire ; tout le bien qui arrive ici bas émane de lui. Ne sembleroit-il pas, d'après cela, que le spectacle des bienfaits constans & universels de ce roi des astres qui donne la vie, l'action & la force à tout sur la terre, a dû inspirer cette aveugle confiance, en présentant ce flambeau du monde comme sa divinité tutélaire ?

Le principe du mal n'est, selon eux, qu'un esprit mal-faisant qui partage avec l'être souverainement bon, l'empire de la nature *(h):* leur puissance est égale ; autant

---

(h) Ils admettent cependant encore quelques dieux subalternes. Les uns sont des espèces de pénates, protecteurs de leurs toits rustiques ; c'est dans l'endroit le plus apparent de la yourte qu'ils élèvent ces idoles grossièrement sculptées & noires de fumée ; ils les habillent à la Koriaque, & les chargent de sonnettes, d'anneaux, de toutes sortes d'ustensiles en fer & en cuivre. Les autres dieux inférieurs qu'ils imaginent, habitent les montagnes, les bois, les rivières. Ceci nous rappelle la division des nymphes dans la mythologie des anciens Grecs.

1788,
Avril.
Du 1.er au 6.
A Ingiga.

l'un s'occupe du bonheur des hommes, autant l'autre cherche à les rendre malheureux. Les maladies, les tempêtes, la famine, tous les fléaux font fon ouvrage & les inftrumens de fa vengeance : c'eft à la défarmer que l'intérêt perfonnel engage, & que la dévotion s'applique. L'effroi que jette dans tous les cœurs cette divinité menaçante, eft le fentiment qui dicte les hommages : le culte qu'on lui rend confifte en facrifices expiatoires. On lui offre des animaux naiffans, des rennes, des chiens *(i)*, les prémices des chaffes & des pêches, tout ce qu'on a de plus précieux. Les prières qu'on lui adreffe fe bornent à des demandes ou à des actions de grâces : il n'y a point de temple, point de fanctuaire où fes adorateurs doivent fe raffembler ; par-tout ce dieu fantaftique peut être honoré ; il écoute le Koriaque qui le prie feul dans le défert, comme

_____

(i) J'ai rencontré fouvent fur ma route des reftes de chiens, de rennes égorgés & fufpendus à des pieux qui atteftoient la dévotion du facrificateur.

la famille réunie qui croit se le rendre favorable en s'enivrant pieusement dans sa yourte ; car l'habitude de l'ivrognerie est devenue chez ce peuple une pratique de religion & le fondement de toutes les solennités.

Ce démon, cet esprit redoutable, est sans doute le même que le Koutka dont les chamans Kamtschadales se disent les ministres & les organes. Ici, comme dans la presqu'île, le langage mystérieux de ces sorciers en impose à la crédulité, & leur attire les respects de la multitude ; ils exercent la médecine & la chirurgie avec le même succès. Ces fonctions exclusives, que l'on croit secondées par le secours de l'inspiration, plutôt que par les lumières de l'expérience, leur assurent un pouvoir sans bornes ; de toutes parts ils sont appelés, & d'avance les témoignages de reconnoissance leur sont prodigués. Ils exigent avec hauteur ce qui leur plaît, & reçoivent comme un tribut ce qu'on leur présente : c'est toujours à titre d'offrande agréable au dieu qu'ils font parler, qu'ils s'approprient ce que les habitans de ces contrées ont de meilleur & de plus beau. Il ne faut pas croire que ce soit par l'étalage de quelques vertus, par une apparence d'austérité ou d'une morale plus sévère, que ces fourbes ensorcèlent leurs dupes. Sans frein ni conscience, ils enchérissent sur tous leurs vices, & se montrent encore moins sobres. La veille de leurs cérémonies magiques, ils affectent de jeûner tout le jour, mais le soir ils s'en dédommagent en se faisant servir du moukamorr, de ce poison enivrant que j'ai décrit; ils en mangent & boivent jusqu'à satiété. Cette ivresse préparatoire est de précepte; il est probable qu'ils s'en ressentent encore le lendemain, ce qui leur procure cette exaltation de tête qui ajoute à leur déraison, & leur donne la force nécessaire pour se livrer à leurs transports extravagans.

L'idiome des Koriaques n'a aucune affinité avec celui des Kamtschadales; la

1788,
Avril.
Du 1.er au 6.
A Ingiga.

Idiome.

prononciation en eſt plus aiguë, plus lente ; mais elle eſt moins pénible, elle n'a point ces ſons bizarres, ces ſifflemens auſſi difficiles à rendre qu'à écrire *(k)*.

Il me reſte encore quelques détails à fournir ſur les Koriaques errans ; mais peu content des notices que j'ai tâché de recueillir à ce ſujet, je me réſerve à en conſtater la fidélité à mon arrivée chez le frère d'Oumiavin, où j'aurai les objéts ſous les yeux.

Dès mon arrivée à Ingiga, M. Gaguen cédant à mes inſtances, s'étoit occupé des moyens de m'en faire partir le plutôt poſſible ; ſi cela eût dépendu de moi, je ne m'y fuſſe arrêté que vingt-quatre heures ; malheureuſement mes chiens étoient haraſſés *(i)*, & l'on n'eût pu dans toute la

---

(k) Le lecteur pourra comparer ces deux langues d'après le vocabulaire qu'il trouvera à la fin de ce Journal.

(l) Je congédiai en conſéquence mes conducteurs. Je n'ai point parlé juſqu'ici de mes frais de poſte, parce que tant que j'ai voyagé avec M. Kaſloff, il s'étoit chargé d'y pourvoir, & je n'eus

ville

ville en raffembler qu'un très-petit nombre
& qui n'étoient pas meilleurs. On me
propofa donc de prendre des rennes; j'y
confentis d'autant plus volontiers, que
j'efpérois en aller plus vîte, & que depuis
long - temps j'avois grande envie d'en
effayer. On ne me cacha pas les incom-
modités de cette manière de voyager :
plus de rifques, plus de fatigues & moins
de repos, c'étoit à quoi je devois m'attendre ; mais mon impatience n'entrevit
que la poffibilité d'avancer, & le plaifir

1788.
Avril.
Du 1.er au 6.
A Ingiga,

en le quittant qu'à lui rembourfer fes avances : aujourd'hui je dois au lecteur une note de ces frais,
& la voici.

En Ruffie on les nomme *progonn ;* ils font pour les
courriers de deux kopecks par verfte & par chaque
cheval, & de quatre kopecks pour les autres voyageurs (un *kopeck* vaut un fou de France). Au
Kamtfchatka & en Sibérie il en coûte moitié moins ;
mais comme dans la prefqu'île on ne fe fert guère
que de chiens, on les paye par *podvods* ou par
attelages de cinq chiens : trois podvods ou quinze
chiens valent le prix d'un cheval en Sibérie, c'eft-
à-dire, un kopeck par verfte pour les courriers, &
deux kopecks pour les voyageurs.

Partie IIe   G

de juger par moi-même de la vélocité de ces animaux.

Pour satisfaire mon empreſſement & me mettre en état de continuer ma route ſans obſtacles, M. Gaguen réſolut de ſe concerter avec les chefs des Koriaques nomades des environs; en conſéquence il les fit inviter à ſe rendre chez lui. Deux jours après je vis arriver douze de ces princes & pluſieurs autres Koriaques que le commandant avoit pareillement fait avertir.

Après les complimens d'uſage *(m)*, il

(m) Dans ces viſites, les complimens ne ſe bornent pas, comme chez nous, à un cérémonial inſipide, ou à de froides careſſes accompagnées de quelques paroles inſignifiantes.

A peine l'aſſemblée eſt-elle aſſiſe, l'eau-de-vie eſt apportée; un domeſtique verſe à la ronde à chaque étranger trois énormes raſades, dont une ſeule ſuffiroit ailleurs pour faire demander grâce. Ici, on diroit que ce n'eſt qu'une invitation à doubler & tripler la doſe; en effet, le buveur Koriaque ne ſe contente pas de la première; en l'acceptant, on le voit ſourire mignardement à toute la compagnie, ſur-tout au maître de la maiſon, à qui il fait une

me présenta à l'assemblée ; en même temps un interprète leur expliquoit sommairement qui j'étois, l'importance de ma mission, & le besoin que j'avois de leurs secours. A ce court exposé, il s'éleva un murmure général ; en vain voulut-on faire valoir les ordres absolus du gouvernement

1788,
Avril.
Du 1.er au 6.
A Ingiga.

légère inclination de tête, puis il avale coup sur coup les trois verres, qui sont aussitôt remplis & vidés, sans que jamais personne donne le moindre signe de répugnance, pas même les enfans. J'en vis un de six à sept ans, à qui son père passa un de ces verres, & qui le but tout d'un trait sans sourciller.

A ces amples distributions d'eau-de-vie, M. Gaguen ne manque jamais de joindre quelques présens en fer, en étoffes ou en tabac ; il porte l'attention jusqu'à consulter les goûts & les besoins de chaque individu. Les Tchouktchis & les Koriaques fixes, lorsqu'ils viennent à Ingiga, reçoivent de lui le même accueil ; c'est par-là qu'il a su insensiblement apprivoiser ces esprits sauvages, & prendre sur eux une sorte d'ascendant & d'empire : foible dédommagement des sacrifices qu'il fait chaque jour pour fournir à ces libéralités, car seul il en fait les frais, & la cherté de ces divers objets dans le pays, doit lui rendre ces dépenses très-onéreuses.

G ij

à mon égard, les clameurs redoublèrent
au point qu'il fut d'abord impoſſible de
s'entendre & de ſavoir la cauſe de leur
mécontentement. A travers ces cris confus
on démêla à la fin qu'ils ſe plaignoient de
ſupporter ſeuls toutes les corvées, tandis
que les Koriaques ſédentaires ſembloient
en être exempts ; à quel titre jouiſſoient-
ils de cette immunité inſultante? par quel
privilége, paiſibles caſaniers, reſtoient-ils
à végéter dans leurs yourtes? pourquoi
ne les pas aſſujettir comme eux au ſervice
de la poſte? Ces remontrances très-fon-
dées, mais faites avec humeur, commençoient fort à m'inquiéter ſur le ſuccès de
ma demande, lorſqu'un vieux prince ſe
levant bruſquement, « Eſt-ce là, s'écria-t-il,
» l'inſtant de nous plaindre? ſi l'on a abuſé
» de notre zèle, cet étranger en eſt-il
» reſponſable? en a-t-il moins de droits
» à nos bons offices? Je lui promets les
» miens, je me charge de le conduire
» auſſi loin qu'il le jugera néceſſaire : con-
» ſentez ſeulement à l'amener chez moi ;

» n'y aura-t-il perfonne parmi vous qui
» veuille lui rendre ce foible fervice ? »

1788,
Avril.
Du 1.er au 6.
A Ingiga.

A ces mots la confufion fe peignit dans
tous les regards ; les plus mutins furent
interdits. Après un moment de filence,
chacun voulut fe difculper du reproche
qu'il craignoit d'avoir mérité. Je reçus des
excufes & des offres fans fin : c'étoit à qui
obtiendroit la préférence pour le tranfport de ma perfonne, de mes gens & de
mes effets jufqu'à la Stoudénaïa-reka ou
rivière froide, au bord de laquelle demeuroit l'officieux Koriaque qui venoit
de s'engager à me fervir de conducteur.
Toutes les difficultés étant aplanies, on
s'informa du jour de mon départ, que je
fixai au furlendemain 5 avril, & toute
l'affemblée s'obligea à fe rendre à mes
ordres au jour indiqué. Le vieux prince
qui avoit fi généreufement plaidé ma
caufe, fe déroba le premier à mes remercîmens en partant fur l'heure, fous prétexte de divers préparatifs à faire chez
lui avant mon arrivée. Quelle fut ma joie

G iij

d'apprendre que celui à qui j'étois redevable de ce changement dans les difpofitions, étoit ce frère d'Oumiavin, que
je défirois fi ardemment de connoître!

De ce moment, M. Gaguen ne céffa
de fe donner toutes fortes de mouvemens
pour les apprêts de mon départ; il fit faire
fous fes yeux plufieurs petits pains de
froment & une provifion de bifcuit de
feigle; une partie des comeftibles qu'il
avoit en réferve pour fa propre confom-
mation, fut emballée malgré moi dans mon
bagage; il y ajouta quelques préfens, qu'il
me força d'accepter par la grâce & les
inftances dont il les accompagna. Enfin,
je ne faurois compter tous fes bons procédés pour moi : chaque heure, dans le
peu de temps que je paffai chez lui, fut
marquée par des prévenances & des foins
de fa part ; ils ne contribuèrent pas moins
que le repos à rétablir ma fanté, dont je
n'étois guère content depuis le rhume que
j'avois attrapé en fortant de Pouftaretsk.

Le 5.　Prêt à partir le 5, ainfi que nous l'avions

arrêté, quel fut mon étonnement de ne
point voir arriver mes conducteurs ! plufieurs exprès furent auffitôt envoyés à la
découverte, mais la journée fe paffa fans
qu'on en eût aucune nouvelle. Il étoit nuit
lorfqu'ils parurent, alléguant les uns & les
autres des retards involontaires.

Le lendemain, autre contrariété; c'é-
toit un dimanche, & la confcience timorée
de mes foldats répugnoit à fe mettre en
route. Falloit-il refpecter leur fcrupule
ou plutôt leur effroi ? car c'étoit moins
dévotion que fuperftition; ils n'étoient pas
arrêtés par la fainteté du jour, mais uni-
quement par l'idée que cela leur porteroit
malheur. Malgré la précaution que j'avois
prife d'entendre avec eux une meffe
Ruffe, il n'y eut pas moyen de les décider à partir. Après bien des prières &
des raifonnemens en pure perte, je fus
contraint de revenir dîner chez M. le
commandant, qui me plaifanta obligeam-
ment fur cette nouvelle contradiction,
dont il eut l'honnêteté de fe féliciter.

1788,
Avril.

Le 6.
Superftition
de mes foldats.

G iv

1788,
Avril.
Le 6.

Voyant toutefois qu'elle prenoit trop sur mon enjouement, il me propofa de guérir mes gens de leurs chimériques frayeurs ; ma réponfe fut un défi qu'il accepta. Par fon ordre, au même inftant, l'eau - de - vie eft prodiguée à tout mon monde, Ruffes & Koriaques ; infenfible-ment les têtes s'échauffent, la gaieté fait oublier le prétendu danger ; les plus récalcitrans font les premiers à demander qu'on attelle les rennes : auffitôt dit, auffi-tôt fait, & voilà mes traîneaux en marche.

Adieux
d'Oumiavin.

Dans l'intervalle il m'arriva une fcène qui me retint quelque temps, mais dont je ne fis que rire. Oumiavin, par tendreffe pour moi, s'étoit grifé complètement : la vivacité de fes regrets en me quittant lui faifoit faire toutes fortes de folies, qu'il appeloit fes adieux ; il alloit, venoit, vouloit aider à tout : à peine mon traî-neau fut-il prêt, qu'il crut devoir le fou-lever pour juger de fa pefanteur ; mais l'état dans lequel s'étoit mis ce bon Ko-riaque, lui fit perdre l'équilibre, & dans

fa chute il caffa le bout de mon fabre.
Sa douleur, à la vue de ce petit accident,
fut des plus amères ; je le vis fe précipiter
à mes pieds qu'il embraffoit & arrofoit
de fes larmes, me conjurant de ne pas
partir avant de lui avoir pardonné. Je
m'efforçois de le relever, je l'affurois de
mon amitié ; il n'en reftoit pas moins opi-
niâtrément à mes genoux, & fes pleurs
ne tariffoient pas ; ce ne fut qu'au bout
d'une demi-heure qu'à force de careffes,
je parvins à le calmer.

Je fortis de la ville à pied, efcorté de
prefque tous les habitans qui défiroient,
difoient-ils, faire honneur au feul François qui eût encore féjourné chez eux.
M. Gaguen & les officiers de la garnifon,
voulurent abfolument me conduire hors
des portes, où notre féparation eut lieu ;
après de nouveaux remercîmens de ma
part de leurs politeffes, & les adieux de
mes conducteurs & de mes gens.

Des quatre foldats qui compofoient
ma fuite à mon départ de Kaminoi, il

1788,
Avril.
Le 6.

Départ
d'Ingiga.

Je prends un
compagnon
de voyage.

1788,
Avril.
Le 6.

ne me reftoit plus que Golikoff & Nédarézoff; j'avois laiffé les deux autres à
Ingiga, lieu de leur réfidence ordinaire;
mais j'y pris, à la recommandation de M.
Gaguen, un jeune négociant Ruffe nommé
Kifsélioff, qui m'avoit demandé la permiffion de me fuivre jufqu'à Okotsk. Dans
nos fréquens entretiens, pendant mon
féjour à Ingiga, j'avois été à portée de
connoître l'agrément de fa fociété, &
d'apprécier mon bonheur de l'avoir pour
compagnon de voyage.

Quel
étoit mon
conducteur.

Vainement je m'étois préparé à conduire mon traîneau moi-même; tout le
monde s'y étoit oppofé, par la crainte
que le défaut de connoiffance & d'habitude de mon nouvel attelage ne me devînt
funefte. Il m'avoit été enjoint de me laiffer
mener au moins le premier jour. Arrivé à
ma voiture, je trouvai en effet mon guide
déjà affis fur le devant; je pris ma place
fans trop y faire attention, mais il tourna
la tête, & je reconnus en lui un prince
Koriaque nommé *Eviava;* il s'empreffa

de me témoigner ſa joie de ce qu'il avoit l'avantage de me conduire, puis ſe mit en devoir de rejoindre la file.

Depuis long-temps je dois au lecteur la peinture d'un traîneau Koriaque; me voici à même de ſatisfaire ſa curioſité. Puiſſé-je répandre aſſez d'intérêt dans ma deſcription, pour me faire pardonner de l'avoir tant différée!

Sur deux patins parallèles, c'eſt-à-dire, ſur deux branches d'arbre de ſix pieds & demi de long ſur trois pouces de large, aſſez mal équarries, & dont les bouts en avant ſe relèvent en moitiés de croiſſant, s'établit le corps du traîneau; ce n'eſt à vrai dire qu'un chaſſis en treillage, élevé de terre à la hauteur de deux pieds & quelques pouces; ſa largeur eſt de dix-huit pouces, & ſa longueur de cinq pieds. Deux pe-tites perches d'environ cinq pouces de circonférence forment la double mem-brure du treillis, qui eſt fait de lattes groſſières, emboîtées les unes dans les autres. Une traverſe plus forte que ces

1788,
Avril.
Le 6.

Deſcription
d'un traîneau
Koriaque.

deux membrures, en réunit par-devant les extrémités, qui, immédiatement après, se joignent aux bouts cintrés des patins, & y sont assujetties avec des courroies. La partie inférieure du chassis porte sur des bâtons courbés en arc, dont les pointes écartées entrent également dans ces patins; & la partie supérieure se termine par derrière en une manière de petite cariole découverte, ayant seize pouces de haut sur deux pieds de profondeur, & construite en demi-cercle avec de courts bâtons enchâssés dans des moitiés de cerceaux, à peu-près comme les dossiers de nos fauteuils de jardin. C'est dans cette étroite enceinte que l'on enferme ordinairement ou sa provision de vivres, ou une portion de ses effets d'un usage journalier. Quant à moi, j'y établis la caisse de mes dépêches, & je m'assis dessus jusqu'au moment où je pris la place de mon conducteur. Son siége est vers le milieu du chassis, non loin de la traverse; il s'y met à califourchon, & ses pieds posent sur les patins.

L'attelage eſt de deux rennes de front;
leur harnois ſe borne à un collier de cuir,
qui paſſe en partie ſur le poitrail & entre
les jambes de devant de l'animal, & eſt
arrêté ſur ſon flanc par une courroie en
guiſe de trait, qui, pour le renne à droite,
s'attache à la traverſe du traîneau, & pour
le renne à gauche, à la racine d'un des
ſupports arqués de la voiture & du même
côté. Pour guides, on a deux lanières de
cuir, dont un bout va s'enlacer en forme
de bandeau, au bas de la tige du bois de
chaque renne *(n)* : veut-on aller à droite,
on tire doucement la guide en ce ſens,
en frappant de revers l'animal qui eſt hors

(n) Quelquefois le deſſous de ce bandeau eſt
garni de petits os pointus, qui, à la moindre ſac-
cade, ſervent d'aiguillon aux rennes indociles ; on
y a volontiers recours pour les dreſſer. En les at-
telant, on a grand ſoin de ne point mettre à droite
le renne dreſſé pour la gauche ; il en réſulteroit que
le traîneau, au lieu d'avancer, tourneroit ſur lui-
même. C'eſt une eſpiéglerie que les Koriaques ſe
permettent de faire aux Ruſſes dont ils croyent avoir
à ſe plaindre.

1788,
Avril.
Le 6.

Manière
d'atteler &
de mener
les rennes.

la main ; pour paſſer à gauche, il ſuffit de donner vivement quelques ſecouſſes à la guide droite, en touchant le renne qu'elle gouverne. La guide gauche ne ſert abſolument qu'à retenir celui qu'elle atteint. Le conducteur tient en outre une baguette, dont un bout eſt armé d'une eſpèce de marteau ; c'eſt un os fixé horizontalement ; très-effilé d'un côté, il préſente une pointe de près de deux pouces, qui eſt principalement utile pour retirer, ſans s'arrêter, le trait des rennes lorſqu'il s'engage dans leurs pieds, ce qui paſſe pour un des plus grands tours d'adreſſe du cocher. L'autre bout de cet os eſt un peu plus arrondi & ſupplée au fouet, mais ſes coups ſont bien plus douloureux ; on les diſtribue d'ailleurs ſi libéralement à ces pauvres animaux, que parfois on voit ruiſſeler leur ſang. Cette baguette étant très-ſujette à ſe caſſer, on a le ſoin de s'en munir d'un certain nombre qui ſe lient le long du traîneau.

Nous voyageâmes fort leſtement juſ-

qu'au foir; le feul déplaifir que j'éprouvai
fut de ne pouvoir, faute d'interprète,
jouir de la converfation de mon prince
conducteur. J'y perdis fans doute beaucoup de bonnes chofes qu'il eût pu m'apprendre, & notre mutuelle taciturnité
n'embellit pas la route à mes yeux.

1788,
Avril.
Le 6.

Nous nous arrêtâmes à fept heures;
il fallut gagner une montagne connue de
nos Koriaques, qui l'avoient marquée
dans notre itinéraire pour notre première
halte. En vain euffé-je défiré de chercher
un abri dans les bois *(o)*, la commodité
du voyageur n'entre pour rien dans le
choix des lieux de repos; celle des rennes
eft feule confultée, & l'endroit le plus
abondant en mouffe eft toujours préféré.
A moitié de la montagne, nos rennes
furent dételés; on fe contenta de les attacher avec des longes: dans l'inftant je
les vis occupés à gratter la neige, fous
laquelle ils favent très-bien trouver leur

Halte.

(o) Ainfi que je le pouvois faire, tant que je fus
traîné par des chiens.

nourriture. A quelques pas plus loin notre chaudière fut établie ; la durée de notre fouper répondit à fa frugalité ; j'y admis mon prince Koriaque, qui parut fingulièrement flatté d'un tel honneur. Je m'étendis enfuite fur la neige, où il me fut permis de dormir quelques heures ; le terme paffé, on vint me réveiller impitoyablement pour nous remettre en marche.

Il eft bon de favoir que, dans les courfes de quatre, cinq ou fix jours, les Koriaques ne prennent prefque point de repos. Les rennes font dreffés à courir nuit & jour pendant deux ou trois heures confécutives, puis on les dételle pour les faire paître environ une heure, après quoi ils repartent avec la même ardeur, & répètent ce manège tous les jours jufqu'au terme de leur voyage. D'après cela, on conçoit que je m'eftimai heureux lorfque la nuit on m'accorda deux heures de fuite de fommeil ; mais cela ne dura pas long-temps ; peu-à-peu je fus contraint de

m'accoutumer

m'accoutumer à la méthode de mes inflexibles conducteurs, & j'avoue que ce
ne fut pas fans peine.

1788,
Avril.
Le 6.

Avant de monter fur mon traîneau,
Eviava me dit qu'il fentoit la néceffité
d'alléger la voiture, le poids de deux
perfonnes devenant à la longue trop fort
pour nos courfiers; & que fi je voulois
effayer de me mener, il fe mettroit fur
un des traîneaux qui, en cas d'accident
ou de perte de rennes, nous fuivoient à
vide. La propofition étoit trop de mon
goût pour que j'héfitaffe à l'accepter; je
m'emparai foudain des guides & commençai mon nouvel apprentiffage.

Je ne le trouvai pas moins pénible
que celui auquel je m'étois foumis à
Bolcheretsk, avec cette différence qu'alors
j'avois été le premier à rire de la fréquence de mes chutes, au lieu qu'ici je
penfai acquérir à mes dépens la preuve
effrayante de leur plus grand danger.
Le renne de volée étant attelé à gauche
au fupport du traîneau, fon trait touche

*Je commence
à me conduire
moi-même.*

Partie II.   H

presque au pied gauche du conducteur,
qui doit éviter avec une continuelle attention de s'y prendre ; soit oubli, soit
inexpérience, je manquai à ce principe ;
un cahot me jeta sur la gauche, & ma
jambe resta engagée à faux dans ce fatal
trait. La secousse violente que j'éprouvai
en tombant, ou, je crois, la douleur
aiguë & subite que me causoit cette
jambe, me fit lâcher imprudemment les
guides pour y porter la main ; mais le
moyen de me débarrasser ! les rennes ne
sentant plus le même frein, m'emportent
avec plus de vîtesse ; chaque effort que
je fais pour me délivrer, les anime &
les irrite. Ainsi traîné par mes coursiers,
ma tête rasant la neige & battant sans
cesse contre le patin du traîneau, qu'on
se figure ce que je souffrois ; il me sembloit à chaque pas que ma jambe alloit
se casser. Déjà je n'avois plus la force de
crier, je perdois connoissance, lorsque
par un mouvement machinal j'étendis le
bras gauche précisément sur mes guides

qui flottoient au hafard : un nouveau
choc de la voiture me fit retirer ce bras,
& cette faccade involontaire fuffit pour
arrêter mes rennes que quelques-uns de
mes gens atteignirent en même temps ;
les autres accoururent à moi, ne doutant
point que je ne fuffe dangereufement
bleffé. Je fus enfuite de mes foldats qu'ils
avoient craint de ne me pas trouver en
vie. Cependant après une défaillance de
quelques minutes, fuite naturelle de la
commotion & de la frayeur que j'avois
eues, je repris mes fens & les forces me
revinrent ; j'en fus quitte pour une forte
contufion à la jambe & quelques douleurs
de tête qui n'eurent aucune fuite. Le
plaifir d'avoir échappé à ce péril, ranima
mon courage ; je remontai fur mon
traîneau & continuai ma route comme
s'il ne me fût rien arrivé.

Devenu plus circonfpect, j'avois le
foin, lorfque je verfois, de retenir auffitôt mes rennes, car je devois me féliciter de ce que, dans leur fougue impé-

1788,
Avril.
Le 6.

H ij

1788,
Avril.
Le 7.

tueuſe, ils ne m'avoient pas emporté dans les montagnes *(p)*; alors comment les rattraper? quelquefois on paſſe trois & quatre jours à les y pourſuivre, & l'on ne réuſſit pas toujours à les prendre. Cet avis, qui me fut donné par nos Koriaques, me fit frémir pour mes dépêches, dont la caiſſe, attachée ſur mon traîneau, pouvoit m'être enlevée ainſi à tous momens.

Village de Karbanda.

Je laiſſai ſur la gauche le village de Karbanda, ſitué au bord de la mer, à quatre-vingt-dix verſtes d'Ingiga. Cet oſtrog n'eſt rien moins que conſidérable, autant qu'on peut en juger à la diſtance d'une verſte. Du même côté, j'aperçus à trois verſtes plus loin, deux yourtes & ſix balagans, où ſes habitans viennent paſſer l'été.

Halte dans un hameau au bord de la Noyakhona.

Nous fîmes encore ſept verſtes pour parvenir à l'endroit fixé pour notre halte, c'eſt-à-dire, à un méchant hameau, au milieu d'un petit bois qu'arroſe la rivière

---

(p) Ils avoient bien quitté la route, mais ils ne me traînèrent que l'eſpace d'environ cinquante pas.

Noyakhona. Une seule yourte & trois à quatre balagans le composent : là, demeurent hiver & été dix à douze Koriaques fixes, qui ne me reçurent point mal ; au moins trouvai-je chez eux le couvert, & c'étoit beaucoup pour un homme réduit à dormir souvent à la belle étoile & sur un lit de neige.

1788,
Avril.
Le 8.

Vers les deux heures du matin, nous envoyâmes chercher nos rennes qu'on avoit écartés des habitations, par la nécessité de pourvoir à leur pâture & de les soustraire à la voracité des chiens du hameau. Nous nous remîmes en chemin, mais la journée ne fut nullement intéressante.

Le soir, Eviava ne sachant pas au juste la position de la yourte du frère d'Oumiavin, me proposa de franchir une montagne que nous avions sur la gauche, & au haut de laquelle il espéroit rencontrer un de ses compatriotes qui seroit peut-être mieux instruit que nous. Après une heure & demie de marche, nous atteignîmes le

H iij

fommet, d'où promenant nos regards à l'entour, nous cherchâmes inutilement à découvrir la demeure de cet autre prince nomade; rien ne l'indiquoit, & la nuit ne permettoit plus à notre vue de s'étendre. Eviava fe défoloit, me voyant très-fatigué & peu difpofé à avancer davantage. Pour le contenter, je lui dis d'aller feul à la découverte de fon ami, & de revenir me joindre en ce lieu, où je me repoferois, en l'attendant. Au bout de trois heures, il accourut plein de joie me réveiller; il avoit trouvé fon prince Amoulamoula & toute fa horde. Les uns & les autres me prioient inftamment de ne pas quitter l'endroit où j'étois avant le lendemain matin, voulant tous venir à ma rencontre. Je ne fus pas fâché de l'événement, qui me valut une nuit prefque entière.

Au point du jour, je vis paroître mes curieux; le chef s'approcha le premier pour me faire fon compliment tourné à la Koriaque, mais il l'accompagna d'un beau renard roux & noir, ou *Sévadoufchka,*

1788,
Avril.
Le 8.

Le 9.
Vifite & pré-
fent que je re-
çois du prince
Amoulamou.a.

qu'il tira de deſſous ſa parque & me contraignit d'accepter *(q)*.

1788.
Avril.
Le 9.

En reconnoiſſance de cette honnêteté,
j'en régalai les auteurs avec de l'eau-de-
vie & du tabac, dont je m'étois ample-
ment approviſionné à Ingiga; & après leur
avoir fait entendre combien j'étois ſen-
ſible à leur obligeant accueil, je pris congé
d'eux, muni de tous les renſeignémens
que nous déſirions pour diriger notre
courſe.

Quoique la neige eût beaucoup d'é-
paiſſeur & peu de ſolidité, nos rennes
couroient avec une aiſance & une légèreté étonnantes. Ils ont cet avantage ſur
les chiens, que leurs pieds préſentant plus
de ſurface, enfoncent bien moins; on eſt

(q) Le procédé me fut d'autant plus agréable,
que je m'y attendois moins. Juſque - là aucun Koriaque ne m'avoit rien donné. Je ne m'en fuſſe pas
aperçu, ſi, venant de quitter ces bons Kamtſchadales,
qui m'avoient accablé de préſens, j'euſſe pu n'être
pas tenté de comparer les caractères de ces deux
peuples.

H iv

dispensé d'aller devant avec des raquettes pour leur frayer le passage; mais les chiens ont pour eux de se fatiguer moins vîte, & par conséquent d'épargner au voyageur le désagrément de s'arrêter toutes les deux ou trois heures.

Chemin faisant, je tuai plusieurs perdrix blanches; à la quantité que nous en vîmes, il est à croire qu'elles se plaisent dans ces cantons. Quelques rennes sauvages prirent la fuite à notre approche, & me laissèrent à peine le temps de les regarder: heureusement que l'abondance de mes provisions m'eût préservé de l'envie de les tuer.

A midi, nous commençâmes à distinguer la Stoudénaïa-reka, & à une heure nous l'avions traversée, ou plutôt nous étions chez ce frère d'Oumiavin, entre les mains de qui Eviava s'étoit engagé de me remettre.

Mon nouvel hôte vint au-devant de moi à la tête de sa famille. Leur satisfaction de mon arrivée étoit peinte dans leurs yeux ; ce fut à qui m'approcheroit le plus près. La harangue du vieux prince fut courte, mais affectueuse & pleine de cette cordialité qu'il m'avoit déjà montrée. Il me pria de difpofer de lui & de tous les fiens ; tout leur avoir étoit à mon fervice. Chacun fe partagea alors le foin de mettre mes traîneaux & mes effets à couvert : je n'eus à fonger qu'à mes dépêches ; encore pour obtenir de les porter moi - même, fallut-il leur expliquer que cette caiffe ne me quittoit jamais.

Entré dans la yourte, je commençai par payer mes frais de pofte au prince Eviava. J'avois douze traîneaux attelés chacun de deux rennes ; le trajet que nous avions fait étoit de cent quatre-vingt-cinq verftes ; donc je devois pour mes vingt - quatre rennes, fept roubles quarante kopecks *(r)*. En recevant cette fomme, mon bon conducteur fe récria fur ma générofité. J'eus beau vouloir lui

1788,
Avril.
Le 9.

(r) C'eft-à-dire la valeur de quatre chevaux en Sibérie & au Kamtfchatka pour les courriers.

1788,
Avril.
Le 9.

prouver qu'il n'y en avoit point à donner ce que je lui devois légitimement ; il fut impoffible de lui faire comprendre mon calcul ; fon refrein étoit toujours qu'il n'avoit pas encore rencontré un fi honnête homme : le payer pour m'avoir obligé, lui paroiffoit un acte de vertu fublime. Tant d'éloges pourroient faire foupçonner les Ruffes d'avoir plus que de l'économie; on prétend, en effet, que leurs voyages en ces contrées, ne leur font pas coûteux.

Nous nous occupâmes enfuite de notre dîner, qui fut des plus joyeux. Eviava & mon hôte mangèrent avec moi; l'eau-de-vie ne fut pas épargnée, & mes convives enchantés ne fe fouvenoient pas d'avoir fait fi bonne chère.

Détails fur
mon hôte.

Le refte du jour fut employé à obferver & à interroger tout ce qui m'environnoit; mais le lecteur feroit peut-être curieux de connoître plus particulièrement le brave Koriaque qui m'accueillit de fi bonne grâce.

Il fe nomme auffi Oumiavin; baptifé, dans fon enfance fous le nom de Siméon, qui fert à le diflinguer de fon frère, il m'avoua de la meilleur foi du monde, qu'il n'avoit aucune idée de la religion chrétienne. On avoit pris fi peu de foin d'inftruire le jeune néophyte, qu'il ignoroit & fes devoirs & jufqu'aux premiers dogmes de la loi évangélique. Abandonné au mélange infenfé des erreurs de fon pays, & de quelques pratiques extérieures du chriftianifme dont il avoit contracté l'habitude (*f*), il avoit trouvé heureufement dans fon cœur les principes d'une morale naturelle, qui feule dirige fes actions.

Comme tous les Koriaques, il eft petit & bafané. Sa tête a le caractère de fon ame; une expreffion de franchife & de bonté, qui tient à l'enfemble de fa figure, prévient en fa faveur; enfin, fa chevelure

1788, *Avril.* Le 9.

(*f*) En préfence des Ruffes, il ne manquoit pas de faire les fignes de croix d'ufage en entrant dans les yourtes, avant & après le repas.

1788,
Avril.
Le 9.

blanche & la régularité de ses traits, lui donnent l'air vraiment distingué. Il est estropié du bras droit, des suites d'un combat très-périlleux qu'il eut à soutenir contre un ours. L'effroi avoit dispersé ses compagnons ; seul il tint tête à l'animal, & quoiqu'il n'eût que son couteau pour arme, il vint à bout de le terrasser & de le tuer. La chasse est son plus grand plaisir ; non moins habile qu'intrépide, il passe pour être aussi fort heureux chasseur.

Projet de Siméon Oumiavin.

Mais c'est sur-tout par l'énergie de son ame qu'il m'a paru plus estimable & plus intéressant. Le projet qu'il avoit conçu, & dont il est fâcheux qu'on ait empêché l'exécution, n'a pu sortir que d'une tête fortement organisée ; au moins annonce-t-il beaucoup de bon sens, & plus de réflexions qu'on n'en peut supposer à ses compatriotes : voici ce qui y donna lieu.

Pendant long-temps ce peuple indocile & jaloux de sa liberté, eut peine à se familiariser avec l'idée d'être tributaire de

la Ruffie; l'adminiftration févère des commandans fut taxée par ces fauvages d'abus
tyrannique du pouvoir; & en effet, dans
le nombre des officiers fubalternes, il
y en eut fans doute plufieurs qui fe per-
mirent des vexations fur les nouveaux
fujets de l'empire Ruffe.

Siméon Oumiavin fut le premier que
ces concuffions foulevèrent. Plus révolté
encore de la dureté des exacteurs que de
leurs déprédations, il fe dit qu'une telle
conduite ne pouvoit être autorifée par
une fouveraine, dont on ne ceffoit de
vanter la bonté & la juftice. Cette réflexion
judicieufe fit fur fon efprit la plus grande
impreffion, & réveilla fon courage naturel; auffitôt raffemblant quelques victimes,
comme lui, de l'iniquité de ces petits ty-
rans, il leur fait part de fes conjectures
& de fon deffein.

« Mes frères, leur dit-il, fentez-vous
» le poids de vos fers? étions-nous nés
» pour en porter, pour être la proie de
» ces avides prépofés, dont la cupidité

1788,
Avril
Le 9.

1788,
Avril.
Le 9.

» abusant chaque jour de leur pouvoir,
» nous regarde comme un bien qu'ils
» peuvent diffiper & confumer à leur
» gré? Qu'attendons-nous pour nous
» délivrer de ce fléau? ce n'eft point par
» la voie des armes qu'il faut le tenter;
» les nôtres feroient impuiffantes, & nos
» ennemis renaîtroient plus redoutables
» de leurs cendres: mais ofons franchir
» l'efpace immenfe des pays qu'ils ont
» fu traverfer pour venir jufqu'à nous;
» faifons retentir nos plaintes jufqu'au fé-
» jour de notre impératrice. C'eft fous
» fon nom, & non par fon ordre qu'on
» nous vexe, qu'on nous dépouille. Tant
» de mauvais traitemens, tant de perfidies
» font démentis par la fageffe de fon gou-
» vernement; fes indignes miniftres font
» les premiers à en publier la douceur:
» courons la réclamer, courons nous jeter
» à fes pieds & lui expofer nos peines;
» c'eft notre mère commune, elle prêtera
» l'oreille aux cris d'une portion de fes
» fujets qu'elle ne peut connoître & juger

» que sur la foi des récits menteurs de
» ses agens. »

1788,
Avril.
Le 9.

Ce discours que je rapporte, tel à
peu-près qu'Oumiavin me l'a rendu lui-
même, fit passer dans tous les esprits & son
indignation & son enthousiasme. Ce fut
à qui partiroit pour Pétersbourg; les plus
riches & les plus hardis furent les préfé-
rés. La facilité de parler assez bien le russe,
valut à l'auteur de l'idée, l'honneur de
marcher à la tête de la députation, munie
de quantité d'objets précieux pour faire
des présens. Arrivés à Okotsk, nos voyageurs eurent besoin de secours; ils s'a-
dressèrent au commandant, le priant de
leur fournir les moyens de gagner au
moins Irkoutsk : celui-ci avoit eu vent de
leur résolution, il en prévit le danger &
prit des mesures pour s'opposer à leur
passage. Sous le spécieux prétexte de
demander d'abord l'agrément du gouverneur général, il les retint pendant quelques mois auprès de lui. Durant cet
intervalle, il fit jouer les ressorts de la

séduction; raisonnemens, caresses, tout fut employé pour les détourner de continuer leur voyage; mais tout fut inutile, on les trouva inébranlables. Alors on eut recours à la violence; mille piéges leur furent tendus; la persécution, le monopole furent leur créer des torts; & pour les en punir, on les contraignit enfin à retourner sur leurs pas, avec le désespoir & la honte d'avoir sacrifié en pure perte la plus grande partie de leurs biens & de leurs rennes.

Cette triste expérience ne découragea point le chef de la ligue Koriaque; à ses yeux c'étoit une nouvelle preuve de l'utilité de son dessein & de la nécessité de son exécution. Depuis lors, il ne cessa de s'en nourrir, dans l'espoir d'être un jour mieux servi par les circonstances; à mon arrivée chez lui, son cœur brûloit encore du desir d'entreprendre ce voyage. « Oui, me disoit-il, malgré ma vieillesse, » je partirois à l'heure même. Mon motif » seroit différent, & sans doute je n'aurois

pas

1788,
Avril.
Le 9.

» pas à craindre de semblables obstacles ;
» car nos commandans ne méritent tous
» aujourd'hui que notre confiance & nos
» éloges : mon ambition seroit de voir
» notre souveraine. Quelquefois, ajoutoit-
» il, je cherche à me faire une idée de
» sa brillante demeure, de la richesse, de
» la variété qui y règnent ; cela renouvelle
» mes regrets de n'avoir pu aller la consi-
» dérer au milieu de ses grandeurs & de
» sa gloire. Elle nous eût paru une divi-
» nité ; & le compte fidèle que chacun de
» nous en eût rendu à ses compatriotes,
» eût imprimé dans tous les cœurs le res-
» pect & la soumission. Enchaînés par l'a-
» mour, plus encore que nous ne le fûmes
» autrefois par la crainte, il n'est aucun de
» nous qui n'eût payé avec joie des tributs
» imposés avec modération ; nous eussions
» appris à nos voisins à chérir son gouver-
» nement, en les rendant témoins de notre
» félicité & de notre reconnoissance. »

Presque toute ma conversation avec ce
bon Koriaque, fut de cette nature : j'ai

Partie II.   I

cru devoir la tranfcrire ici pour achever la peinture de fon caractère; qu'il me foit permis cependant d'y ajouter un dernier trait.

Les frais confidérables qu'il avoit faits, pensèrent entraîner fa ruine totale. Il lui fallut beaucoup de temps pour remonter fon troupeau, qui, en fon abfence, avoit dépéri, faute de foins & par les infidélités des gardiens; c'eft en ce moment qu'il fe montra plus généreux. Plufieurs mois auparavant, un de fes parens avoit perdu tous ces rennes, & s'étoit vu réduit à la fervitude; Siméon Oumiavin, venant à fon fecours, lui avoit compofé un petit troupeau qu'il lui prêta fans intérêt. A fon retour de fa fatale miffion, malgré fon extrême détreffe, il refufa de le reprendre, ne le trouvant pas encore affez augmenté pour que fon débiteur, en s'acquittant, pût en conferver un convenable.

C'eft-là en effet l'unique richeffe de ce peuple nomade. Un chef de horde

n'a guère moins de deux à trois cents
rennes; plusieurs en ont jusqu'à trois &
quatre mille. Le troupeau de Siméon
Oumiavin pouvoit monter alors à huit
ou neuf cents, dont le coup-d'œil me
fit le plus grand plaisir.

Sur la croupe d'une montagne, voisine
de la Stoudenaïa-réka, on voyoit cette
multitude de rennes, tantôt réunis, tantôt
dispersés cherchant la mousse sous la neige;
rarement ils s'écartent & toujours on les
rattrape sans peine. Le soir de mon arrivée,
je jouis de ce spectacle; on les rassembla
pour en trier le nombre qui m'étoit nécessaire; en moins d'un quart-d'heure cela
fut fait: aux cris des bergers, les rennes
apprivoisés se rapprochèrent, les jeunes,
ceux qui sont exempts ou hors de service,
s'échappèrent d'un autre côté; les traîneurs
& les indociles furent cernés, & par le
moyen d'un lacs qu'on leur jeta avec une
dextérité singulière, on vint promptement
à bout de les amener. Le choix fait, on
sépara ceux qui m'étoient destinés, & qui

1788,
Avril.
Le 9.

ſi on ne les eût attachés, n'auroient pas tardé à rejoindre les autres.

On n'attèle pas ordinairement les femelles, elles ſont réſervées pour la propagation de l'eſpèce. En automne, on les accouple, & au printemps elles mettent bas. Les jeunes mâles, marqués pour le traînage, ſubiſſent la caſtration de la même manière à peu-près que les chiens au Kamtſchatka.

Dans un troupeau, il y a preſque toujours trois ou quatre rennes élevés pour la chaſſe. L'inſtinct de cet animal eſt inconcevable; il chaſſe en paiſſant : rencontre-t-il un renne ſauvage, ſoudain, ſans donner aucun ſigne de joie ni de ſurpriſe, il imite en broutant & la marche & toutes les habitudes de celui-ci, qui parfois s'en approche ſans ſe douter du piége; bientôt on les voit jouer enſemble, leurs bois s'entrelacent, ils ſe quittent, ſe reprennent, ſe fuient & ſe pourſuivent tour-à-tour. Dans ces courſes folâtres, le renne privé ſait attirer peu-à-peu ſa proie à la portée du fusil du chasseur. Avec un renne bien dressé, on a l'agrément de saisir l'animal en vie; il suffit de suspendre au bois du premier un lacet, qu'en jouant il passe dans le bois de son adversaire; plus l'un fait d'efforts pour se débarrasser, plus le nœud coulant se serre, & plus l'autre tire à soi pour donner à son maître le temps d'arriver : souvent aussi le renne sauvage se méfie de la ruse, & se soustrait au danger par la fuite.

Lorsqu'un Koriaque sort le matin de sa yourte, vous voyez ses rennes s'attrouper autour de lui dans l'attente du breuvage qui fait leur plus grand régal; c'est de l'urine humaine qu'on a soin de recueillir dans des vases ou des paniers *(1)*. Tout le troupeau se jette à l'envi sur cette boisson, qui disparoît en un instant, quelque abondante que soit la ration.

Siméon Oumiavin fit tuer sous mes yeux un jeune renne, le meilleur qu'il

1788,
Avril.
Le 9.

Présens
d'Oumiavin.

____

(1) Ces paniers, faits de paille, sont si artistement tissus, que la liqueur ne peut passer au travers.

1788,
Avril.
Le 9.

eût : on le dépeça pour ma provifion, & il y joignit la moitié d'un renne fauvage, dont la chair me parut encore plus fucculente ; il me donna auffi quatre peaux de rennes très-belles *(u)*. Nous rentrâmes enfuite dans fa yourte où je paffai la nuit fur mon matelas que je fis étendre dans un coin.

Yourte des
Koriaques
errans.

Quoique la dénomination foit la même, il n'exifte pourtant aucune reffemblance entre les habitations des Koriaques nomades & les demeures fouterraines des Koriaques fixes. Ne fachant comment défigner les différens gîtes de ces peuples, il paroît que les Ruffes ont adopté pour tous le nom de *yourte*, fans s'embarraffer de fa fignification primitive de logement fous terre. Les yourtes dont il eft ici queftion, font, à proprement parler, des tentes en forme de huttes affifes fur le fol.

(u) On remarquera que fur cent peaux de jeunes rennes, qu'on nomme *pouijiki*, à peine en trouve-t-on deux affez belles pour fourrures ; il y en a de toutes blanches.

On ne prend d'autre foin pour en pofer les fondemens, que d'en tracer l'enceinte fur la neige ; celle qui fe trouve dans la ligne eft rejetée au dehors ; puis on dreffe au pourtour, à égales diftances, un nombre infini de perches qui fe rapprochent en s'élevant, & fe fervent de fupports les unes aux autres. Cette charpente ruftique foutient une méchante couverture de peaux de rennes tannées, qui embraffe toute la capacité extérieure de la yourte, depuis fa bafe *(x)* jufqu'à quelques pieds du fommet, qu'elle laiffe à découvert pour donner de l'air à l'intérieur & offrir un paffage à la fumée. Il en réfulte l'incommodité de la pluie & de la neige, pour le centre de l'habitation où elles pénètrent fans aucun obftacle ; cependant c'eft-là qu'eft placé le foyer & qu'on établit la cuifine. La famille & les

(x) La yourte de mon hôte avoit environ quatre toifes de diamètre, & autant à peu-près d'élévation ; fa circonférence à la bafe, étoit de douze toifes, & le faîte fe terminoit en cône.

1788, *Avril.* Le 9.

* I iv

1788,
Avril.
Le 9.

valets gardiens des troupeaux, couchent ſous des *pologs*, eſpèces de caſes ou de tentes fort baſſes, rangées par comparti-mens autour & contre les parois de la yourte ; ces pologs ſont pareils aux tentes carrées des Tchouktchis.

C'eſt à l'inſtabilité de ces peuples errans qu'on peut attribuer l'invention de leurs demeures. Le tranſport de la maiſon en-tière étant auſſi facile que commode, il leur en coûte moins pour ſe décider à chan-ger de cantons. A la première néceſſité ou déplaiſance, la tente ſe lève ; on attache les perches le long des traîneaux ſur leſquels les couvertures ſont empaquetées avec les bagages. Le nouvel emplacement eſt-il choiſi *(y)*, on s'y établit avec la diſpoſition de le quitter de même d'un moment à l'autre : on laiſſe en conſéquence auprès des habitations les traîneaux tout chargés ; les objets qu'ils renferment n'en ſont

______

(y) Le voiſinage des rivières, & ſur-tout des lieux où la mouſſe abonde, eſt, comme je l'ai dit, toujours recherché.

déballés qu'à mefure que le befoin l'exige.

En arrivant chez Siméon Oumiavin, j'avois trouvé douze traîneaux préparés pour mon tranfport. Le premier foin de ce prince, fut de m'affurer qu'il feroit mon guide, & qu'il me conduiroit, s'il le falloit, jufqu'à Yamsk. Je reçus comme je le devois, cette offre obligeante, & le 10, à huit heures du matin, nous prîmes notre effor; à midi nous traver-sâmes la Tavatoma, ayant déjà fait vingt-cinq verftes.

Curieux de voir une fource chaude qu'Oumiavin m'indiqua dans les environs, je pris des raquettes pour traverfer à pied un petit bois, au bord duquel elle forme un ruiffeau de fix pieds de large qui fe perd dans la Tavatoma. Je me féparai de mes gens, au coude que cette rivière décrit en cet endroit. J'étois convenu avec eux que pendant ce temps, ils fran-chiroient la haute montagne qui étoit fur notre droite; ils devoient, en m'attendant, y faire paître nos rennes, & tout difpofer

1788.
Avril.
Le 9.
Départ.

Le 10.

Sources chau-
des de Tava-
toma.

1788,
Avril.
Le 10.

pour notre dîner. Quant à moi, fuivi feulement de M. Kiffélioff, je fis encore deux verftes pour gagner la fource.

On diroit qu'elle eft compofée de plu-fieurs autres, qui fortant d'une montagne à gauche de la rivière, fe réuniffent dans leur chute. Une fumée épaiffe s'élève en nuage au-deffus de ces eaux, mais il ne s'en exhale aucune mauvaife odeur; la chaleur en eft extrême & le bouillon-nement continuel. Elles ont un goût défagréable & piquant qui annonce des parties fulfureufes & falines; peut-être même par l'analyfe, y reconnoîtroit-on auffi du fer & du cuivre. Ce qu'il y a de certain, c'eft que les pierres que je ramaffai le long du ruiffeau, avoient toutes un caractère volcanique; mais je dois rendre compte de l'effet que cette eau produifit fur nous. Je n'avois fait que m'en rincer légèrement la bouche, & en même temps M. Kiffélioff s'en lava la figure; une demi-heure après, il eut la peau du vifage emportée, & moi la langue

& le palais entièrement dépouillés : il m'en resta pendant long-temps l'incom-modité de ne pouvoir rien manger de chaud ni de haut goût.

1788,
Avril.
Le 10.

Ma curiosité étant satisfaite, nous nous disposâmes à rejoindre notre monde; pour cela, nous crûmes devoir gravir une montagne très-escarpée, opposée à celle d'où jaillissent ces eaux thermales; mais obligés d'ôter nos raquettes qui nous faisoient plutôt reculer qu'avancer, il nous fallut grimper en nous aidant des pieds & des mains. Aux trois quarts de la montagne, excédé de fatigue, & craignant d'ailleurs de m'être trompé de chemin, je priai mon compagnon, plus exercé que moi à se traîner ainsi sur la neige, de tâcher d'atteindre le sommet, d'où j'espérois qu'il pourroit découvrir nos équipages; il y réussit, & au bout d'une heure d'attente & d'inquiétudes, je vis paroître le bon Ou-miavin qui m'amenoit un traîneau. Nous nous étions véritablement égarés, à ce qu'il me dit, & Kissélioff avoit pensé périr dix fois avant de trouver notre petit camp. On se remit en marche à mon arrivée, & nous ne fîmes halte que fort tard, à plus de vingt-cinq verstes des sources chaudes de Tavatoma.

Nous avions résolu le 11 de pousser jusqu'à la chaîne de montagnes appelées *Villéguinskoi-khrébeut*, mais cela fut impossible. A la chute du jour nous commençâmes seulement à les apercevoir; nous voulûmes au moins en approcher d'assez près pour être sûrs de les passer le lendemain dans la matinée.

Chacun de nous se figuroit y toucher, cependant nous en étions encore à huit verstes. Après avoir fait ce trajet, nous eûmes à traverser la petite rivière *(z)* qui serpente au pied de ces montagnes; puis nous parvînmes à la Villégui, la plus haute de toutes & qui leur donne son nom. Au premier aspect elle paroît inaccessible: une gorge étroite s'offrit à nous, & nous nous

---

(z) Cette rivière se nomme *Villéga*.

y engageâmes fur la foi de mon prince conducteur. Quatre heures fuffirent à peine pour arriver au pic; là, je perdis courage en confidérant fon extrême élévation. Qu'on fe repréfente en effet une maffe énorme ayant au moins cent toifes de hauteur & prefque perpendiculaire, hériffée de roches & de pierres fur lefquelles la neige, emportée par les ouragans, n'avoit pu s'arrêter. Le peu qui en étoit refté rendoit le pas fi gliffant qu'à tous momens nos rennes s'abattoient; malgré nos efforts pour foutenir les traîneaux, la rapidité de la pente les entraînoit en arrière, ce qui nous faifoit reculer fans ceffe nous-mêmes dans la crainte qu'ils ne retombaffent fur nous : c'en étoit fait fi le pied nous eût manqué. Plufieurs fois, en m'accrochant à une roche qui fembloit adhérente, je la fentis fe détacher fous ma main & je perdis l'équilibre. Sans le fecours d'Oumiavin & de mes foldats qui montoient à côté de moi, & qui me retenoient à propos, je

1788,
Avril.
Le 12.

me fuſſe infailliblement précipité. Quand je fus en haut, je ne pus ſans frémir regarder par quel endroit j'avois paſſé; la vue du danger que j'avois couru me cauſa un tel ſaiſiſſement, que je fus contraint de m'aſſeoir.

J'étois loin de me croire ſauvé, il me reſtoit à deſcendre. Mon zélé Koriaque, pour me raſſurer, m'expliqua parfaitement comment il falloit m'y prendre; ſon inſtruction me délivra de la peur des accidens, mais non de toute inquiétude : j'avois laiſſé une partie de mon bagage au bas de la montagne; qui oſera l'aller chercher me diſois-je ? le courageux Oumiavin ſe chargea encore de ce ſoin, & partit auſſitôt avec quelques gens à lui.

Une ſoif ardente me dévoroit : la crête de la montagne étoit bien couverte de neige, mais le moyen d'en faire fondre! pas un ſeul arbriſſeau autour de nous; l'eſpoir d'en trouver plus bas, me décida à ne point attendre mon guide & à profiter de ſes avis pour deſcendre. Nous

commençâmes par dételer nos rennes ;
ils furent attachés derrière nos traîneaux,
sur chacun desquels deux hommes se
mirent. Nous nous laissâmes glisser ensuite à la façon des habitans de Péterf-
bourg, qui, dans le carnaval, s'amusent
ainsi sur des montagnes de glaces qu'ils
construisent sur la Néva. A l'aide de nos
bâtons, nous retenions & dirigions la
voiture ; en moins de huit à dix minutes
nous fûmes en bas. Heureusement j'aperçus quelques petits cèdres, bientôt nous
eûmes du feu & je pus me désaltérer. Il
étoit alors deux heures après midi, à sept
nous fûmes tous réunis ; Oumiavin arriva
sain & sauf, mais si fatigué que nous ne
pûmes marcher que jusqu'à neuf heures.

La journée suivante fut moins pénible
pour nous que pour nos rennes ; la neige
avoit plus de trois pieds d'épaisseur, & si
peu de solidité, que les animaux enfonçoient jusqu'au cou ; plusieurs refusèrent
absolument service, il fallut les abandonner sur la route. Tel est encore l'in-

1788.
Avril.
Le 12.

Le 13.

convénient de voyager avec des rennes, lorfqu'on veut faire de fuite un trajet confidérable; on a beau les ménager, dès qu'ils fe laffent, on eft réduit à s'arrêter ou à y renoncer, il n'eft plus poffible de les faire bouger.

J'efpérois être le 14 au matin à Toumané; déjà nous n'avions plus que dix verftes à faire, lorfqu'un coup de vent furieux nous accueillit, & nous amena des bouffées de neige qui nous aveugloient. Forcés de ralentir notre marche, nous ne pûmes entrer en ce village qu'à quatre heures après midi.

Sa pofition eft au fud-oueft d'Ingiga, à la diftance de quatre cent quarante verftes, dans un petit bois que partage la rivière Toumané, à trois verftes de fon embouchure. Trois yourtes, autant de magafins en bois & une douzaine de balagans compofent cet oftrog, & vingt familles fa population. Quoique la rivière foit très-poiffonneufe *(a)*, j'ai vu des habitans,

(a) Nous y pêchâmes des truites excellentes.

soit

foit pareffe, foit dépravation de goût, fe
nourrir avec de l'écorce de bouleau trem-
pée dans de l'huile de baleine.

Le mauvais temps continua le 15 &
le 16; mais vainement euffé-je voulu me
mettre en route, nos rennes étoient hors
d'état de me conduire plus loin. Oumiavin
n'ofoit me l'avouer; à fa trifteffe je de-
vinai ce qu'il vouloit me cacher. Aux premiers mots que je lui dis, il fut tenté de
me faire des excufes, comme fi j'euffe été
en droit de me plaindre de lui, parce
qu'il fe trouvoit dans l'impoffibilité de
me mener jufqu'à Yamsk, ainfi qu'il s'y
étoit engagé. J'eus beaucoup de peine à
lui faire comprendre que j'étois pleinement convaincu de fa bonne volonté, &
que je lui devois des remercîmens pour
tous fes bons offices; il fallut prefque me
fâcher pour lui faire accepter quelques
préfens, que je penfai devoir joindre à
mes frais de pofte.

Par fon confeil, je preffai les habitans
de me donner tous les chiens qu'ils pou-

1788,
Avril.
Les 15 & 16.

Oumiavin
eft contraint
de m'aban-
donner.

Partie II.   K

voient avoir; mais les recherches les plus exactes ne m'en procurèrent qu'un petit nombre; & pour compléter celui dont j'avois besoin, on n'imagina pas d'autre expédient que d'atteler les jeunes & même les femelles prêtes à mettre bas. La générosité de ces gens alla jusqu'à se dessaisir en ma faveur d'une partie de leurs provisions de poisson sec, qui n'étoient pas abondantes.

Le 17.
Départ de
Toumané.

Dans la journée du 17, le vent tomba, mais le ciel resta chargé de nuages noirs d'un très-mauvais augure; cependant, après avoir pris congé de mon fidèle Siméon Oumiavin & de mes hôtes de Toumané, j'en partis à une heure après midi, avec mon escorte & tous mes équipages sur cinq traîneaux découverts. Chaque attelage étoit de huit à dix chiens; je pris un homme de plus pour me servir de cocher, ne me sentant ni la force ni le courage de m'en passer plus long-temps; ce fatigant exercice m'avoit abîmé.

Tempête.

Nous ne tardâmes pas à rencontrer la

mer, sur laquelle nous descendîmes pour éviter sept montagnes qui rendent la route ordinaire extrêmement difficile. A peine eûmes-nous fait quinze verstes, partie sur la glace, partie sur le rivage, où fort heureusement pour nous nous fûmes obligés de revenir, que la neige recommença à tomber avec un vent si impétueux qu'il faisoit vaciller nos traîneaux & repoussoit nos chiens. Mes guides se hâtèrent de m'avertir du danger, & de peur de nous égarer, ils furent d'avis de nous réfugier près de-là, dans une yourte abandonnée dont ils avoient connoissance.

Elle est située sur une petite rivière appelée *Yovanna*, à vingt verstes de Toumané: nous y arrivâmes morfondus & couverts de neige; ce fut à qui y descendroit le premier pour se mettre à l'abri de la tempête, mais quatre pieds de neige en bouchoient l'ouverture. Nous prîmes le parti de ranger nos traîneaux en haie, puis avec nos raquettes, au défaut de pelles, nous travaillâmes à nous frayer un passage. Cette

1788,
Avril.
Le 27

Yourte abandonnée, qui nous sert d'asile.

K ij

besogne dura une heure ; il nous manquoit une échelle pour pénétrer dans l'intérieur ; le plus hardi risqua d'y sauter & les autres le suivirent. Nous tombâmes sur des tas de loups marins tout gelés, & dont quelques-uns avoient été à moitié dévorés, sans doute par les animaux voraces à qui, dans le fort de l'hiver, ce souterrain dut parfois servir de tanière. Une seine en cuir jetée dans un coin, étoit le seul indice que des humains l'eussent visité. Il est à présumer que des Koriaques des environs en avoient fait leur réservoir. Les murs étoient tapissés de glaçons qui se détachoient en larmes cristallisées ; & véritablement je ne puis mieux comparer cette demeure qu'à une vaste glacière : sa dimension étoit carrée, & de cinq pieds de profondeur sur dix de large.

Pendant que nous mettions de côté les loups marins pour avoir plus d'espace pour nous coucher, mes conducteurs atta-choient nos chiens *(b)* & leur donnoient

____

(b) La neige tomboit en si grande abondance,

leur ration de poiſſon ſec; en même temps le feu s'allumoit pour nous réchauffer & pour notre ſouper, après lequel je m'étendis ſur le filet de cuir que nous avions trouvé dans la yourte : un loup marin ſous ma tête me tint lieu d'oreiller; mes compagnons imitèrent mon exemple, & ſauf le déſagrément d'être un peu à l'étroit, nous paſsâmes une très-bonne nuit. Nous avions cédé aux Koriaques de ma ſuite un coin entier, mais ils étoient les uns ſur les autres & ne pouvoient pas même s'alonger; néanmoins aucun ne s'en plaignit ni ne parut y faire attention. Je les vis s'accroupir comme des ſinges, s'enfoncer la tête dans leur parque, puis, les coudes appuyés ſur les genoux, s'endormir

1788,
Avril.
Le 27.

---

que ces pauvres animaux étoient comme enſevelis ſous ſon épaiſſeur; mais accoutumés à ces mauvais temps, ils ſe ramaſſent en pelotons & ont toujours le nez en l'air, de manière que la chaleur de leur haleine, en pénétrant leur froide enveloppe, conſerve à leur reſpiration un libre paſſage. Ils ſavent auſſi ſe ſecouer lorſque cette couverture devient trop peſante.

K iij

auffi paifiblement que s'ils euffent été bien à leur aife.

Le lendemain le vent changea, mais auffi violent que celui de la veille, il nous fut encore plus incommode ; il renvoyoit la fumée dans la yourte, au point que nous en étions étouffés & aveuglés, & qu'il fut décidé qu'on n'allumeroit le feu qu'à l'heure des repas.

Je voulus effayer de remédier à cet inconvénient par quelques difpofitions extérieures ; en mettant le pied dehors, je penfai être renverfé par le vent. M. Kifſélioff qui me fuivoit, eut fon bonnet emporté ; il voulut courir après avec quelques-uns de nos conducteurs, mais inutilement : s'étant écarté feulement à quinze pas de notre retraite, il la perdit de vue, fans favoir de quel côté tourner pour la retrouver ; ce ne fut qu'en répondant à fes cris que nous pûmes le guider.

A force de travail, nous vînmes à bout d'oppofer au vent un rempart affez élevé pour affurer l'iffue de la fumée. Dès-

lors nous eûmes du feu jour & nuit :
malgré notre attention à l'entretenir,
souvent nous étions tous transis. L'humi-
dité ne devint pas moins insupportable
que le froid ; notre feu continuel fit
fondre insensiblement les glaçons qui
nous environnoient ; il se forma sur nos
têtes des milliers de gouttières, l'eau ruis-
seloit sous nos pieds, & pour surcroît
de peines, les loups marins commencè-
rent à dégeler & répandirent une odeur infecte. Celle qui s'exhaloit de nos corps *(c)*
étoit plus que suffisante pour faire de
notre asile un véritable gouffre. Dans
l'impossibilité de purifier l'air, nous cherchâmes à nous délivrer au moins de nos
voisins les loups marins ; mes guides furent les premiers à proposer d'en nourrir
nos chiens tant que nous serions retenus
dans cet affreux séjour. J'y consentis d'autant plus volontiers, que la modicité de

____

(c) Nous étions dix hommes, sur lesquels il y
avoit sept Koriaques, dont la mal-propreté est
connue.

K iv

ma provifion de poiffon fec m'en rendoit avare. En m'appropriant celle que le hafard nous offroit, je faifois tort fans contredit à quelques malheureux habi-tans de ces bords ; mais quand on eft réduit aux extrémités, l'égoïfme eft quelquefois légitime.

Impatient de pourfuivre notre route, j'envoyai mes Koriaques obferver le temps. Au bout de deux minutes je les vis redefcendre à moitié gelés ; leurs habits, leurs bonnets n'étoient que neige ; le froid les avoit tellement faifis, qu'ils ne pouvoient defferrer les dents. Leur rapport fe fentit un peu du fâcheux état dans lequel ils étoient ; mais de toutes leurs exclamations, ce qui me frappa le plus, ce fut d'apprendre que des rochers, à quelques pas de notre yourte, d'où l'on pouvoit encore la veille les apercevoir, étoient devenus invifibles.

Le temps paroiffant fe calmer & la neige prête à finir, j'ordonnai tout pour notre départ ; déjà nos chiens étoient attelés & nous nous hiſſions hors de la yourte, lorſqu'un coup de vent terrible vint déranger toutes nos meſures ; les bouffées de neige recommencèrent, il fallut bien vîte rentrer, trop heureux de retrouver un abri. Un inſtant après je me trouvai très-mal : je ne ſais ſi ce fut l'effet du paſſage ſubit du froid au chaud, ou des exhalaiſons nauſéabondes que je reſpirai en me replongeant dans notre gouffre, ou peut-être du dépit que me cauſoient tant de contrariétés ; la vérité eſt que je fus près d'un quart-d'heure ſans connoiſſance. J'éprouvai en cette occaſion le zèle de mes ſoldats ; pendant que l'un faiſoit tomber ſur moi un déluge d'eau, l'autre me frottoit avec des flocons de neige, & ſi rudement qu'il m'eût, je crois, enlevé la péau pour me faire revenir.

Mes réflexions, après cet évanouiſſement, furent auſſi triſtes que ma poſition ; je regardois mon plan de voyage comme renverſé par tant d'obſtacles & de ſéjours forcés. Je craignois de ne pouvoir me

1788,
Avril.
Le 20.

Détails ſur
mon plan de
voyage.

rendre à Okotsk avant la débâcle des rivières ; cependant cela étoit indispensable, si je voulois profiter du reste du traînage pour gagner l'endroit appelé *la croix d'Yudoma* ou *Yudomskoi-krest*. De-là jusqu'à Yakoutsk, par le détour que j'avois projeté en descendant les rivières d'Yudoma, de Maya & d'Aldann *(d)*, il étoit prouvé que j'échapperois aux contre-temps du dégel qui rend les chemins impraticables même aux chevaux ; mais dans mon calcul il n'y avoit pas un moment à perdre ; un seul jour de retard imprévu pouvoit m'en occasionner un de plus de deux mois. Il faut se mettre à ma place pour juger combien cette perspective étoit décourageante ; les périls dont j'étois menacé m'effrayoient moins, je le proteste.

 Enfin, le 21, il nous fut possible de

(d) Bien que ce détour fût de plus de sept cents verstes, la rapidité de ces rivières m'assuroit une navigation facile, qui m'eût procuré un bénéfice de temps considérable, & l'agrément de jouir des premiers jours du printemps.

nous mettre en marche : le ciel étoit toujours chargé, la brume épaiffe, mais plus
de vent, ce qui nous détermina à partir
malgré l'appréhenfion d'un nouvel ouragan qui nous eût cruellement embar-
raffés, car il n'y avoit point à efpérer de
refuge pour nous avant Yamsk. Nous
tournâmes vers la mer, fur laquelle nous
voyageâmes conftamment à près de deux
verftes de la côte : nous crûmes pourtant
devoir nous en rapprocher le foir pour
faire halte. La glace étoit parfaitement
unie, & l'établiffement de notre petit
camp ne fouffrit aucune difficulté.

Il fut levé de très-bonne heure, & afin
d'éviter les finuofités du rivage, nous reprîmes le large. La veille, nous avions
reconnu quelques baies, mais bien moins
fpacieufes que celle que nous traversâmes
ce jour-là dans l'après-midi. Malheureufement quand nous fûmes en face, il
s'éleva un coup de vent qui ne me permit
aucune obfervation.

Je fus de mes guides que cette baie

1788,
Avril.
Le 21.

Le 22.

Baie d'Iret.

porte le nom de la rivière Iret qui s'y jette; qu'elle eſt preſque entièrement fermée & ſe trouve à ſec en été, lors de la baſſe-mer. Les oiſeaux aquatiques y abondent dans la belle ſaiſon; on vient d'Yamsk & des environs les chaſſer avec des filets, & à coups de bâton lorſqu'ils ſont dans la mue. Le peu de profondeur de cette baie qui par-tout eſt guéable, doit favoriſer les entrepriſes des chaſſeurs.

A la nuit tombante, nous remontâmes ſur le rivage, & nous nous arrêtâmes dans un beau bois de ſapin auprès de la rivière Iret.

Cette journée ne me fournit rien de remarquable; le vent nous aſſaillit aſſez violemment au milieu d'une plaine qui peut avoir vingt-cinq verſtes d'étendue. J'eus encore recours à ma bouſſole, & nous n'eûmes pas fait quinze verſtes que le ciel s'éclaircit tout-à-fait. Nous rencontrâmes à cette hauteur un ſergent chargé de la poſte d'Okotsk; un peu plus loin, à trois verſtes environ de ſon embou-

la rivière d'Yamsk fe préfenta à nous :
en fuivant fon cours nous découvrîmes
fur la droite une habitation de pêcheurs
qui ne s'y raffemblent que l'été. Je fis
encore fix verftes fur la glace, puis j'entrai l'après-midi dans cet oftrog, éloigné
de Toumané de plus de cent cinquante
verftes. Prêt à manquer de bifcuit, je
fus contraint non-feulement d'y coucher,
mais même d'y refter une partie du lendemain pour renouveler mes provifions.

Le fergent qui y commande la garnifon
compofée de vingt hommes, me reçut
très-honnêtement. Sur la recommandation
de M. le commandant à Ingiga, il fe hâta
de me faire préparer tout ce dont j'avois
befoin, & me donna tous les renfeignemens que je défirois.

L'oftrog ou fort d'Yamsk eft fur le bord
de la rivière du même nom, à dix verftes
de fon embouchure, où elle forme une
baie qui promet d'excellens mouillages ;
mais plufieurs caps fort avancés & grand
nombre d'écueils dont fon entrée eft

1788,
Avril.
Le 23.

Arrivée à
Yamsk.

Defcription
de cet oftrog.

pour ainſi dire hériſſée , la rendent
d'autant plus dangereuſe que la paſſe eſt
étroite , & oblige les bâtimens à louvoyer
pendant long-temps, ou à attendre un
vent favorable pour la franchir, car on
aſſure qu'ils naviguent difficilement au
plus près du vent. D'après cela, ſi la place
étoit plus conſidérable & plus fréquentée ,
il eſt évident que les naufrages y ſeroient
encore plus communs *(e)*.

On compte à Yamsk vingt-cinq maiſons
en bois, dont une partie où ſe trouve
l'égliſe *(f)*, eſt entourée d'une paliſſade
carrée, dans le goût de celle d'Ingiga,
mais moins haute & moins épaiſſe. La

(e) Il y a quelques années qu'un navire venant
d'Okotsk y périt déſaſtreuſement ; toute la cargaiſon
conſiſtant en proviſions fut perdue ; on ne ſauva que
très-peu de monde.

(f) Tous les Koriaques fixes qu'on rencontre
entre Ingiga & Yamsk, ſont baptiſés. Il n'y a qu'un
pope pour ces deux villes ; ſa réſidence habituelle
eſt à Ingiga , & rarement il fait la viſite de ſon
diſtrict, qui s'étend juſqu'à l'oſtrog de Taousk,
lequel dépend de la cure d'Okotsk.

population se borne à vingt familles, qui vivent à peu-près comme les Russes.

Ils ont une façon de faire du sel, que je ne connoissois pas. Tout le bois que la mer roule & jette parfois sur le rivage, est ramassé avec le plus grand soin. Dès qu'il est sec on le brûle; on fait ensuite bouillir la cendre, & le sédiment qu'elle dépose est un sel très-blanc.

Deux jours avant mon arrivée à Yamsk, il en étoit parti une troupe de Toungouses errans. Pour me consoler de n'avoir pu les voir, on me montra leur habillement de parade, d'homme & de femme. Ils ne portent point de chemises, mais une manière de pièce d'estomac qui s'attache par derrière & descend jusqu'aux genoux en tablier; elle est brodée en poils de rennes, & garnie de grains de verre de différentes couleurs; on y ajoute en bas des plaques de fer & de cuivre, & grand nombre de sonnettes. Dessous ce tablier, ils ont une culotte ou pantalon de peau, & pour chaussure de longues bottes de peau

1788,
Avril.
Le 24.

Manière dont les habitans font le sel.

Habillement des Toungouses errans.

1788,
Avril.
Le 24.

de renne, le poil en deſſus, & brodées. Une longue veſte leur couvre les épaules; au bout des manches ſont adaptés des gants ouverts ſous le poignet pour laiſſer paſſer la main. Cette veſte, étroite de la poitrine & de la taille, ſe termine preſqu'au milieu des cuiſſes, & eſt ornée également de broderies & de grains de verre. A la chute des reins pend une queue de deux pieds de long, mais peu volumineuſe; elle eſt de poils de loups marins teints. La coiffure conſiſte en un petit bonnet rond, dont les joues s'alongent pour couvrir les oreilles. Tout l'habillement eſt de peau de jeunes rennes, & la bordure de martre zibeline ou de loutre, ou de pelleteries auſſi précieuſes.

L'habit des femmes eſt à peu-près le même, ſeulement il n'a ni queue ni gants, & leur bonnet eſt à jour ſur le ſommet de la tête; cette ouverture a environ deux pouces de diamètre, c'eſt par-là ſans doute que paſſent leurs cheveux.

Tel eſt le coſtume de cérémonie de ce peuple.

peuple. Dans l'hiver ils endoffent des vêtemens fourrés & plus épais, mais ils ont foin de quitter leurs parures en en- trant dans la yourte; la crainte de les gâter leur fait prendre auffitôt leurs plus mauvais habits, & pour les moindres befoins ils fe déshabillent entièrement.

Dans cette journée, le foleil commença à fe faire fentir & à annoncer l'approche du dégel; en conféquence, je me munis de lames d'os de baleine pour les attacher fous les patins de mes traîneaux en cas de néceffité; & d'après le confeil des gens du pays, fondé fur l'expérience des voya- geurs en cette faifon, je pris le parti de voyager la nuit, fauf à me repofer le jour pendant que le foleil feroit dans fa force. Je fortis d'Yamsk à onze heures du foir; notre caravane étoit compofée de neuf grands traîneaux ou *nartas (g).*

1788,
Avril.
Le 24.

(g) Les frais de pofte fe payent ici fur le même pied qu'au Kamtfchatka pour les traîneaux ordi- naires, bien que les attelages des nartas foient plus nombreux du double. Voyez *I.re partie, pag. 116.*

Partie II.e   L

1788,
Avril.

Le 25.

Montagne
appelée la
Baboufchka.

Au jour naiſſant, nous nous trouvâmes au pied d'une des plus hautes montagnes du pays, à cinquante verſtes d'Yamsk. Les Koriaques lui ont donné le nom de *Baboufchka*, ou la *grand-mère :* ils diſent que ſon ſommet eſt le tombeau d'une vieille ſorcière, auſſi fameuſe que redoutable. Mes guides me ſoutinrent qu'il n'y avoit point dans cette partie du monde de montagne plus élevée; mais leur effroi ſuperſtitieux entroit, je penſe, pour quelque choſe dans leur opinion, car la Villégui eſt, ſelon moi, beaucoup plus eſcarpée, au moins ai-je eu plus de peine à la gravir. Arrivés au haut de la Baboufchka, mes conducteurs armèrent leurs pieds de crampons en forme de petits trépieds, puis ils attachèrent en travers ſous les traîneaux d'aſſez gros bâtons pour les retenir en deſcendant; on n'eut en effet d'autre ſoin à prendre que de les diriger avec l'*oſchtol* ou bâton ferré, & nous parvînmes en bas ſans aucun accident. Les gens du pays regardent pourtant

1788,
Avril.
Le 25.

cette descente comme dangereuse, sans doute lorsque la neige s'amoncelle dans les inégalités qui s'y rencontrent, & qui deviennent alors autant d'écueils invisibles & par conséquent inévitables ; aussi ne suis-je point éloigné de croire que fréquemment des voyageurs y périssent.

Selon toute apparence, voilà l'origine des frayeurs qu'inspire cette Babouschka aux Koriaques. Par une suite naturelle de leur préjugé, ils se sentent portés à la reconnoissance, dès qu'ils se voient hors du danger. Ceux de ma suite s'empressèrent de suspendre leur offrande ; savoir, des brins de tabac, des morceaux de poisson, de fer, &c. sur la croupe de la montagne, dans l'endroit où ils prétendent que la magicienne repose. D'autres y avoient laissé, avant eux, de vieux crampons de fer, des couteaux, des tronçons d'armes & de flèches. J'y remarquai entre autres un javelot des Tchouktchis garni en ivoire, & je m'avançai pour le prendre, dans l'intention de le conserver :

1788,
Avril.
Le 25.

à mon geſte, mes conducteurs jetèrent un cri qui m'arrêta. « Qu'alliez-vous faire, » me dit l'un d'eux? voulez-vous nous » perdre? un tel ſacrilége attireroit ſur » nous les plus grands malheurs, vous ne » pourriez achever votre voyage. » L'apoſtrophe m'eût fait éclater de rire au nez du timide prophête, ſans le beſoin que j'avois de l'aſſiſtance de tous ces gens. Pour continuer à la mériter, il falloit reſpecter leur erreur, & j'eus l'air de la partager; mais à peine eurent-ils tourné le dos, que je m'emparai de cette flèche terrible, comme d'un monument de la ſotte crédulité de ces peuples.

Oſtrog de
Srednoi.

Le premier village que je rencontrai, eſt Srednoi; ſa poſition a quelque choſe de pittoreſque, ſur le bord de la mer, à l'entrée d'une profonde baie qui ſe perd dans les terres, en formant le lit d'une petite rivière dont l'eau n'eſt jamais ſaumâtre. Les Koriaques qui y demeurent me firent beaucoup d'accueil; je me repoſai quelques heures dans une des deux yourtes qui, avec plusieurs magasins, font les seules habitations de cet ostrog. Ces yourtes font construites comme celles des Koriaques sédentaires; la seule différence, c'est qu'elles ne font point souterraines, & qu'on y entre par une porte au niveau du sol. La moule se plaît sur ces côtes, & les habitans en font leur nourriture première.

Je repris ma route le soir avec d'autres chiens; je fis environ huit verstes sur la rivière Srednoi. En plusieurs endroits la glace se cassa sous nos traîneaux; la hardiesse & l'habileté de mes guides nous tirèrent de ce mauvais pas; forcés de mettre pied à terre pour dégager la voiture, ils ont la précaution d'ajuster leurs raquettes à leurs pieds, afin de présenter plus de surface à la glace. Mais ce qui nous contraria bien davantage en voyageant sur cette rivière, ce fut le verglas; nos chiens ne pouvoient se soutenir, à chaque moment ils tomboient les uns sur les autres.

1788,
Avril.
Le 25.

L iij

Avant midi nous atteignîmes l'ostrog de Siglann, sur la rivière du même nom. C'est le dernier du pays des Koriaques, ni plus étendu, ni plus peuplé que le précédent, il en est éloigné de soixante-dix-sept verstes : on y voit une yourte bâtie à la manière des Yakoutes, mais j'en remets la description à mon arrivée chez eux. Je restai à Siglann le temps de faire arranger les patins de nos traîneaux, c'est-à-dire, d'y attacher les lames d'os de baleine que la fonte des neiges commençoit à rendre nécessaires, & j'en partis le soir à cinq heures.

D'abord je traversai une baie, à laquelle ce village donne son nom; elle me parut vaste & assez bien fermée, excepté dans la partie du sud & sud-ouest: la côte en est presque par-tout très-élevée, & sa profondeur est telle, que je mis huit heures à gagner le cap de l'ouest. Plus loin, je trouvai un enfoncement non moins considérable, appelé la *baie d'Ola.* Malgré la vîtesse de notre marche, il nous fallut dix heures pour la paſſer dans ſa plus grande largeur.

Le lendemain vers les trois heures après-midi, je m'arrêtai à Ola, oſtrog Toungouſe, à cent quatorze verſtes de Siglann. Il eſt placé ſur une grève à l'embouchure de la rivière Ola, qui s'élargiſſant en cet endroit, préſente un petit havre au fond duquel les Toungouſes ſe retirent pendant le temps des frimats. Ils en étoient ſortis depuis peu de jours, pour ſe répandre dans les dix yourtes qui compoſent le village d'Ola, & qu'ils occupent toute la belle ſaiſon.

Elles ne s'enfoncent point ſous terre comme celles des Kamtſchadales & de la plupart des Koriaques fixes; la forme en eſt auſſi plus longue & la conſtruction plus ſoignée. Des poutres épaiſſes en ſoutiennent les murs, & il règne une étroite ouverture au ſommet du toit, d'un bout à l'autre; le foyer s'étend de même dans toute la longueur de la maiſon. A huit pieds au-deſſus du feu qui ne s'éteint

L iv

1788, *Avril.*

Le 27.
Ola, oſtrog Toungouſe.

Yourtes Toungouſes.

,1788,
Mars.
Le 27.

pas de l'été, on fuspend à des traverfes les provifions de poiffon & les loups marins pour les fécher & les fumer, car voilà la principale utilité de ces demeures. Deux portes pratiquées en face l'une de l'autre, aux deux extrémités, donnent la poffibilité d'introduire les arbres & les morceaux de bois énormes avec lefquels on entretient le feu. Chaque famille a fon lit dans des cafes féparées fur les côtés de la yourte. Celle où j'entrai étoit partagée en cloifons, dont les murs n'étoient que de peaux de poiffon préparées, coufues enfemble & teintes de différentes couleurs; cette tapifferie bigarrée n'eft point défagréable.

Les yourtes d'hiver *(h)* font rondes, & affifes fur le fol comme celles d'été; de groffes pièces de bois qui s'élevènt perpendiculairement en forment les murailles; la couverture a l'inclinaifon de

---

(h) Dans le nombre de ces habitations, on diftingue un ifba.

nos toits, & fa fommité eft percée pour l'évaporation de la fumée. Ces maifons ont une porte au niveau de leur bafe ; l'intérieur de certaines eft coupé par une efpèce de corridor qui rompt la colonne d'air, de forte que la fumée en fort plus librement.

Un inftant après mon arrivée à Ola, je reçus la vifite de plufieurs femmes, les unes habillées à la Ruffe, les autres à la Toungoufe. Ayant eu l'air furpris de les voir toutes parées, on me dit que c'étoit la fête du village, & que d'ailleurs il entroit dans leur coquetterie de fe montrer aux yeux d'un étranger dans leurs atours. Parmi les ornemens qu'elles eftiment le plus, il paroît qu'elles donnent la préférence aux broderies de grains de verre : il en eft d'un très-bon goût ; j'en obfervai une entr'autres fur la botte d'une jeune fille, le deffin en étoit d'une légéreté admirable ; il ne mafquoit rien de la beauté de la jambe, couverte d'un pantalon de peau parfaitement ajufté, fur

1788,
Avril.
Le 27.

Coquetterie
des femmes
Toungoufes.

lequel retomboit une efpèce de petit jupon.

La reffemblance entre les Toungoufes & les Ruffes eft frappante, ce font les mêmes traits & la même langue ; les hommes font forts & bien faits : chez les femmes, on rencontre quelques figures Afiatiques, mais elles n'ont point le nez écrafé & la face large des Kamtfchadales & de la plupart des Koriaques. La douceur & l'hofpitalité femblent être les qualités caractériftiques du peuple Toungoufe. Il n'a pas dépendu de leur zèle à me fervir, que je n'aye trouvé chez eux tous les fecours dont j'avois befoin; mais leurs moyens font fi bornés, qu'ils ne pûrent me changer qu'une partie de mes chiens.

En fortant de ce village, nous fîmes route fur la mer. La glace nous inquiéta fort cette nuit-là ; des craquemens continuels que nous entendîmes fous nos pas, n'étoient pas faits pour nous tranquillifer.

Au point du jour, nous gagnâmes la terre ferme pour franchir un promontoire efcarpé. Notre marche étoit tellement combinée, que nous comptions, avant fept heures, reprendre la mer, mais la defcente fut plus pénible qu'on ne me l'avoit annoncé; il fallut nous frayer un paffage à travers un bois de bouleaux. Un de mes conducteurs, en fe laiffant aller, comme les autres, du haut en bas de la montagne, fut renverfé par un traîneau qui le heurta au moment où il tournoit. Il voulut fe retenir à un tronc d'arbre, & tomba malheureufement fur le bout de fon bâton ferré; il eut le côté percé & reçut une forte contufion à la tête : nous fûmes obligés de le coucher fur un traîneau de bagage.

Un autre contre-temps m'attendoit au pied de cette montagne ; la mer venoit de débâcler. Quel rifque j'avois couru! j'avois voyagé deffus toute la nuit. Mes guides, à cette vue, ne furent pas moins effrayés que moi : « Qu'allons-nous devenir, s'écriè-

1788
Avril.
Le 28.

Contre-temps
funeftes

» rent-ils ? c'eſt à préſent qu'il nous faudra » ſurmonter de bien plus grands dangers. » Diſſimulant mon inquiètude, je tâchai de les encourager ; nous ſuivîmes quelques temps le bord de la mer : un morne ſilence régnoit parmi tous mes gens, la conſternation étoit peinte ſur leurs viſages.

Au bout d'une demi-heure, celui qui étoit à la tête de la file, s'arrêta tout-à-coup, en criant qu'il ne voyoit plus de paſſage. Je crus d'abord que la peur groſſiſſoit les obſtacles à ſes yeux, & j'envoyai mon ſoldat Golikoff avec le plus expert de mes conducteurs pour les reconnoître. A leur retour, l'un & l'autre m'aſſurèrent qu'il n'y avoit pas moyen d'avancer. Golikoff étoit d'avis de retourner ſur nos pas, & de chercher un chemin dans les terres ; mes guides rejetèrent ce conſeil, ſoutenant qu'il étoit preſque impoſſible de gravir de ce côté la montagne que nous venions de deſcendre, mais qu'en ſuppoſant que nous en vinſſions à bout, le détour ſeroit beaucoup trop conſidérable

& tout auffi dangereux, attendu l'activité du dégel & le défaut de connoiffance de la route qu'il faudroit tenir. Ils finirent par me propofer d'abandonner nos traîneaux, de prendre ce que j'y avois de plus précieux & de me réfoudre à traverfer la baie en fautant d'un glaçon fur un autre. Or, le courant commençoit à les emporter, & la mer en étoit couverte ; il eft aifé de juger que je n'eus pas envie d'adopter cette façon de voyager, à laquelle parfois ces peuples font réduits : je ne favois quel parti prendre ; à la fin je me déterminai à aller voir moi-même fi le long du rivage je ne trouverois pas quelque fentier praticable.

Une chaîne de rochers qui, dans prefque toute fa longueur, préfente à la mer une furface plate, par conféquent pas l'apparence de grève, tel étoit ce rivage que je vifitai. La mer, en foulevant fes glaces, en avoit laiffé une bordure fufpendue au flanc de cette énorme muraille, mais cette manière de corniche n'avoit

1788,
Avril.
Le 28.

Paffage fur
une corniche
de glace.

pas plus de deux pieds de large, souvent moitié moins, & son épaisseur n'étoit guère que d'un pied. On voyoit à huit pieds plus bas les vagues se briser contre le roc, & des écueils sans nombre s'élever du fond de la mer jusqu'à dix pieds au-dessous de son niveau.

Loin d'être découragé par ces observations, je m'élançai sur la périlleuse corniche. Enhardi par la solidité, j'avançai doucement en me coulant de côté, le ventre collé contre le rocher; il ne m'offroit aucune prise, seulement quelques angles rentrans où je me jetois pour reprendre haleine, lorsque j'avois franchi les vides qui se rencontroient de temps en temps sous mes pas, car en certains endroits la glace s'étoit entièrement détachée, & plusieurs de ces lacunes avoient deux ou trois pieds de large. J'avoue qu'aux premières je me sentis intimidé, je ne les sautai qu'en tremblant; un faux mouvement, la moindre distraction, & j'étois perdu; jamais mes compagnons

n'auroient pu ni me voir ni me ſecourir.
Après trois quarts-d'heure d'une marche
auſſi pénible, j'atteignis l'autre extrémité
du rocher; je n'y fus pas plutôt que j'ou-
bliai la difficulté du paſſage pour ne ſonger
qu'à mes dépêches. Je les avois laiſſées à
la garde de mes ſoldats, mais moi ſeul
pouvois entreprendre de les ſauver. L'expérience que je venois de faire m'en
donnoit l'eſpoir, & ſans héſiter je revins
ſur mes pas fier de ma découverte.

Mes gens condamnoient déjà ma har-
dieſſe qu'ils traitoient de témérité; ils parurent même étonnés de me revoir. Je
ne leur cachai pas que le chemin étoit
dangereux; « mais puiſqu'il ne m'eſt ar-
» rivé aucun accident, leur ajoutai-je,
» pourquoi ne riſqueriez-vous pas de me
» ſuivre? Au ſurplus, je vais faire le trajet
» encore une fois, j'eſpère à mon retour
» vous trouver pleinement raſſurés &
» prêts à m'imiter. »

En même temps je pris mon porte-
feuille & la caiſſe qui contenoit mes

paquets. Mes deux foldats Golikoff &
Nédarézoff, dont j'avois reconnu l'a-
dreffe, confentirent à m'accompagner.
Sans leurs fecours, je crois qu'il m'eût
été impoffible de fauver ce précieux
dépôt; nous le portions tour à tour,
nous le remettant de l'un à l'autre; le
dernier qui le recevoit, c'eft-à-dire,
celui qui marchoit devant fur cet étroit
parapet, le jetoit bien vîte dans un
creux du rocher, avançoit quelques pas,
& les autres venant après lui, l'y re-
prenoient & recommençoient la même
manœuvre. Je ne puis rendre ce que je
fouffris dans ce tranfport; à chaque en-
jambée par-deffus les lacunes, il me fembloit que ma caiffe alloit tomber dans la
mer; dix fois elle penfa nous échapper
des mains, & je fentis tout mon fang fe
glacer, comme fi j'euffe vu la mort fous
mes pas. En effet, je ne fais à quoi m'eût
pouffé le défefpoir fi j'euffe eu le malheur de la perdre; je ne refpirai que
lorfque j'eus dépofé en lieu fûr ce terrible

fardeau,

fardeau; ma joie fut auſſi vive que l'avoit
été ma peine.

1788,
Avril.
Le 28.

Cette ſeconde réuſſite m'inſpira tant de
confiance, que je ne doutai plus de la
poſſibilité de faire paſſer nos traîneaux par
la même voie. Je communiquai mes idées
à mes ſoldats : animés par mon exemple
& par l'heureuſe épreuve qu'ils avoient
faite, ils retournèrent gaiement avec moi
chercher nos équipages. Par mon ordre,
on avoit dételé une partie des chiens;
on attacha aux quatre angles des traîneaux de longues courroies que je fis
tenir à des gens devant & derrière. Nous
ne tardâmes pas à en reconnoître l'utilité;
tantôt nos voitures ſe trouvant plus larges
que la corniche, ne poſoient que ſur un
patin, & la charge les eût entraînées de
l'autre côté ſi elles n'avoient été fortement
ſoutenues; tantôt dans les endroits où la
glace ſe ſéparoit, il falloit les enlever
rapidement pour les maintenir en équilibre. Les bras nerveux de mes conducteurs fléchiſſoient ſous le poids, & nos

Partie II.   M forces réunies fuffifoient à peine pour les retenir eux-mêmes : on avoit beau fe cramponner, il étoit à craindre d'être emportés les uns par les autres, ou que la glace ne fe rompît tout à coup fous nos pieds; mais nous en fûmes quittes pour la peur.

Nous revînmes encore querir le refte de nos chiens; on eût dit que ces pauvres animaux jugeoient mieux que nous du péril, ils aboyoient & reculoient, fur-tout aux paffages difficiles. Inutilement on les animoit de la voix, il falloit les frapper & les tirer brufquement à nous. Il y en eut quatre qui, par réfiftance ou par mal-adreffe, ne furent pas s'élancer comme les autres ; le premier périt fous nos yeux fans qu'il fût poffible de lui porter fecours *(i)*; le fecond refta fufpendu fur fes pattes de devant ; un de mes

---

(i) Ce fut réellement une perte pour mes conducteurs. Il y a tel chien qui vaut cinquante roubles, aucun ne fe paye moins de cinq.

guides, tenu par fon camarade, vint à bout, en fe baiffant, de reprendre cette malheureufe bête ; quant aux deux autres, leur longe les foutint, & il fut aifé de les fauver.

Ces divers trajets nous coûtèrent fept heures de travail & d'appréhenfion continuelle. Dès que nous nous vîmes hors de danger, nous rendîmes grâces au ciel comme des gens échappés à la mort ; nous nous embraffions tous avec tranf- port, comme fi chacun eût cru devoir la vie à fon compagnon : en un mot, notre bonheur fut beaucoup mieux fenti que je ne faurois l'exprimer.

On fe hâta de remédier au défordre de nos équipages, puis nous nous remîmes en marche fur une grève de cailloux, dont la largeur & la folidité ne nous laiffoient aucune inquiétude. Au bout de deux heures, étant peu éloignés de l'oftrog d'Armani, nous rencontrâmes plufieurs traîneaux qui s'en retournoient à vide à Ola, & qui par conféquent alloient être

M ij

1788,
Avril.
Le 28.

forcés de prendre notre même chemin. Nous en prévînmes les conducteurs, en leur fouhaitant un égal fuccès.

Deux yourtes, l'une d'été & l'autre d'hiver, font ce qu'on appelle le village d'Armani, au pied duquel coule la rivière de ce nom, à quatre-vingt-une verftes d'Ola. Je paffai outre, & m'arrêtai à environ trois cents pas plus loin chez un Yakoute qui demeure depuis trente ans dans une yourte, au milieu d'un grand bois de fapins, & chez qui l'on m'avoit affuré que je trouverois un meilleur gîte.

Halte chez
un Yakoute.

En fon abfence, fa femme me reçut à ravir; elle nous offrit du lait & une boiffon aigrelette de lait de jument battu, appelée *koumouiff:* ce breuvage ne me parut nullement défagréable, & mes Ruffes, malgré leur répugnance fuperftitieufe pour tout ce qui provient du cheval, en goûtèrent avec grand plaifir. Le mari arriva fur ces entrefaites; c'étoit un bon vieillard encore plein de vigueur & de fanté. Inftruit

de l'objet de mon voyage par ſa femme
& par mon ſoldat Golikoff qui, né à
Yakoutsk, me ſervoit d'interprète, mon
hôte s'empreſſa de faire nettoyer l'endroit
le plus apparent de ſa maiſon pour que
je puiſſe m'y repoſer. Je fus réveillé par
les mugiſſemens du troupeau qui rentroit
dans la yourte; huit vaches, un taureau
& pluſieurs veaux, vinrent partager avec
nous l'intérieur de l'habitation. Malgré
ce voiſinage, il y règne une ſorte de propreté, & l'air qu'on y reſpire eſt auſſi
doux que ſalubre. Ce Yakoute ne paſſe
point ſa vie comme les Koriaques & les
Kamtſchadales à pêcher & à faire ſécher
du poiſſon, nourriture dont il fait peu
de cas. L'entretien de ſes beſtiaux & la
chaſſe, ſes uniques occupations, fourniſ-
ſent à tous ſes beſoins. Il a de plus dix
chevaux qui lui appartiennent en propre, & qui ſervent aux divers travaux;
ils ſont parqués à peu de diſtance de la
yourte, où tout annonce l'aiſance & inſ-
pire la paix & la gaieté. Je ne ſais ſi la

M iij

préfence du troupeau, la vue & le bon goût du laitage prêtèrent quelque charme à notre repas, mais il me fembla que depuis long-temps je n'avois pas fait fi bonne chère. Le maître du logis eut l'attention, avant mon départ, de faire mettre quelques pièces de gibier fur mon traîneau de provifions.

Nous nous féparâmes le même foir très-contens l'un de l'autre; je marchai toute la nuit, & le matin j'étois au fort de Taousk, ayant fait mes quarante-deux verftes. Cet oftrog, où, fuivant notre règle, nous pafsâmes la journée, eft fur la rivière Taou; il contient une vingtaine d'ifbas, une petite églife def-fervie par le curé d'Okotsk, & un bâ-timent où l'on dépofe les tributs : ce ma-gafin eft entouré de paliffades en forme de baftions. Vingt Yakoutes, deux de leurs princes & quelques Koriaques, que l'attrait du fite y a fixés, voilà tous les habitans de Taousk. Quant à la garnifon, elle eft de quinze foldats, fous les ordres d'un fergent nommé *Okhotin :* je me repofai chez lui jufqu'au foir.

Je traverfai dans la nuit le village de Gorbé, peuplé de Yakoutes & d'un très-petit nombre de Koriaques. Au point du jour, nous ne revîmes plus la mer; nous avions d'abord côtoyé la Taou; n'ofant pas nous rifquer fur fes glaces, puis nous nous étions infenfiblement avancés dans l'intérieur des terres. Nous voyageâmes le refte du temps à travers champs & fur la rivière Kava, fans apercevoir une feule habitation.

A l'inftant où nous nous difpofions à faire halte au milieu d'un bois de fapin, il s'éleva un coup de vent qui nous donna de la neige en quantité. Ma tente fufpendue fur les traîneaux de bagage, nous fervit d'abri. Mais il falloit établir la chaudière; mes conducteurs s'étant mis en devoir de chercher du bois, eurent de la neige par-deffus la ceinture, & même avec leurs raquettes ils enfoncèrent jufqu'aux genoux. Dans l'après-midi,

1788.

Avril.

Le 29.
Village de
Gorbé.

Le 30.

Le 1.er & le 2
Mai.

Le 3.

1788,
Mai.
Le 3.

le vent changea & le ciel s'éclaircit; auffi-tôt nous remontâmes fur nos traîneaux; mais l'épaiffeur de la neige nous contraignit d'en defcendre tour à tour pour frayer un paffage à nos chiens.

Le 4.

Nous franchîmes le matin la montagne d'Iné, à deux cents foixante-dix verftes de Taousk; fa hauteur eft comparable à celle de la Baboufchka: arrivés au fommet, le froid nous faifit à tel point, que nous nous y arrêtâmes pour faire du feu. Après cinq heures de marche, nous retrouvâmes le bord de la mer, que nous quittâmes à quelque diftance d'Iné, où nous parvînmes à la nuit tombante.

Village d'Iné.

Ce village eft à trente verftes de la montagne à laquelle il donne fon nom. Il eft peuplé de Ruffes & de Yakoutes, retirés dans des ifbas & des yourtes yakoutes. Ils ont foin d'un haras de plus de deux cents chevaux que nous avions aperçus à dix verftes du village; je comptois y relayer & repartir fur le champ; mais je fus retenu malgré moi, par la difficulté de me procurer des chiens. Le chef du lieu étoit ivre mort; ce ne fut qu'au bout d'une heure d'inſtances & de recherches, que nous pûmes en raſſembler le nombre qui nous étoit néceſſaire.

A vingt-cinq verſtes d'Iné, où, pour faire plus de diligence, j'avois laiſſé mes équipages à la garde de mon fidèle Golikoff, avec ordre de me ſuivre auſſi vîte qu'il pourroit, je paſſai devant deux yourtes habitées par des Yakoutes & des Toungouſſes; ce hameau ſe nomme *Oulbé:* plus loin, je rencontrai pluſieurs convois de farine qu'on diſtribuoit dans les villages voiſins pour en faire du biſcuit deſtiné à l'approviſionnement des vaiſſeaux de M. Billings, dont j'aurai dans peu l'occaſion de parler.

La mer reparut à nos yeux; je fis quarante-ſept verſtes ſans quitter le rivage, où je vis une baleine échouée & pluſieurs loups marins. Au haut de la montagne de Marikann, c'eſt-à-dire, à

1788,
Mai.
Le 4.

Le 5.

1788,
Mai.
Le 5.

la diftance de vingt-cinq verftes, j'eus le plaifir de découvrir la ville d'Okotsk, mais j'effuyai là un coup de vent qui me fit craindre un nouveau retard. N'écoutant que mon impatience, je continuai ma route, décidé à braver tous les accidens : mon courage ne fut pourtant pas mis à l'épreuve ; revenu au bord de la mer, l'air étoit déjà calme, & je pus fatisfaire ma curiofité en allant reconnoître un bâtiment naufragé & jeté fur la côte. Enfin, après avoir traverfé en tremblant la rivière Okhota *(k)*, j'entrai dans Okotsk à quatre heures après-midi, accompagné du feul Nédarézoff.

Arrivée à
Okotsk.

Je defcendis chez M. le major Kokh, chargé du commandement en l'abfence de M. Kafloff qu'il attendoit avec moi depuis long-temps. La lettre de ce commandant l'inftruifit de la caufe de notre féparation, & je lui en contai fommairement les triftes circonftances. J'avois hâte

—————————

(k) **A** chaque pas la glace fléchiffoit fous mon traîneau.

de me préfenter à madame Kafloff, pour lui remetre les paquets que fon mari m'avoit confiés, mais elle étoit à fa campagne à quatre verftes d'Okotsk; j'étois fi fatigué, que M. Kokh ne voulut jamais me permettre d'y aller ce jour-là. Un exprès porta & les lettres & mes excufes, & m'annonça à cette dame pour le lendemain. Préfumant que j'avois principalement befoin de repos, l'obligeant major me conduifit fur le champ à l'appartement qui m'étoit deftiné dans la maifon de M. Kafloff. J'y trouvai toutes les commodités dont j'avois prefque perdu l'ufage depuis Ingiga : dans l'efpace de trois cent cinquante lieues, je ne m'étois couché qu'une fois dans un lit à Yamsk.

A mon réveil, je reçus la vifite de M. Kokh & des principaux officiers & négocians de la ville. Parmi eux étoit M. Allegretti, chirurgien de l'expédition de M. Billings. Sa facilité à parler le françois me l'eût fait prendre pour un compatriote, fi, en m'abordant, il ne m'eût prévenu

1788,
Mai.

Le 5.
A Okotsk.

Le 6.

lui-même qu'il étoit Italien. Cette rencontre m'étoit d'autant plus précieuse, que mes douleurs de poitrine avoient recommencé. Je ne balançai pas à le consulter, & ma reconnoissance se plaît à publier que c'est à ses lumières, aux soins qu'il m'a prodigués pendant mon séjour, que je dois ma parfaite guérison.

M. Kokh m'emmena ensuite dîner chez lui, où nous fîmes plus ample connoissance (i); ses attentions pour moi allèrent jusqu'à former mille projets d'amusemens qu'il s'empressa de me communiquer, dans l'espérance de me retenir quelque temps auprès de lui.

Si mon devoir ne m'eût pas interdit tout retard volontaire, je crois qu'il m'eût été difficile de résister à ses invitations

____

(i) Né en Allemagne, il parle le russe comme sa langue naturelle; il ne lui manque même que de la hardiesse pour s'énoncer également bien en françois. Retiré depuis long-temps dans cette place avec sa femme & trois enfans, il y vit en paix au milieu de sa petite famille, riche de l'estime publique, & heureux du bien qu'il peut faire.

preſſantes & au charme de ſa ſociété; mais fidèle à mes inſtructions, il falloit ſacrifier mon goût & mon repos à la célérité de ma marche. J'en fis juge mon hôte, qui cédant à mes raiſons, finit par me pardonner mon empreſſement à le quitter; il s'occupa même auſſitôt des moyens de ſeconder mon zèle.

Depuis mon arrivée, la pluie n'avoit pas diſcontinué; des gens envoyés pour examiner les chemins, les jugeoient impraticables, ſur-tout avec des chiens. Suivant leur rapport, les progrès journaliers du dégel ne me laiſſoient d'eſpoir d'avancer qu'en me ſervant de rennes; pour m'en procurer, M. Kokh dépêcha un courrier à des Toungouſſes errans, partis d'Okotsk depuis peu de jours.

Ces meſures priſes, nous allâmes M. le major & moi à Boulguin, maiſon de plaiſance de madame Kaſloff, qui me reçut comme l'ami & le compagnon des périls de ſon mari. Toute notre converſation roula ſur cet objet de ſa tendreſſe; d'abord

1788, *Mai.* Le 6. A Okotsk.

Meſures priſes pour me procurer des rennes.

Viſite à madame Kaſloff à Boulguin.

elle exigea le récit de nos peines à l'inftant de notre féparation. En vain m'appliquai-je à lui adoucir ce que cette defcription avoit de trop affligeant pour elle, fa fenfibilité devina que je voulois l'épargner, & n'en fut que plus alarmée. J'étois peu propre à la tranquillifer, car je n'étois pas moi-même exempt d'inquiétude fur cet eftimable commandant ; mais aidé de M. Kokh, je foutins affez bien l'air de fécurité ; j'eus recours aux conjectures, il raffembla de fon côté les probabilités les plus confolantes, & nous parvîmmes à rendre le calme à cette tendre époufe en la flattant du prochain retour de M. Kaffloff. Née à Okotsk, cette dame paroît avoir eu la meilleure éducation ; elle parle le françois avec beaucoup de grâce. Dans le filence de fa retraite, elle mettoit fon bonheur à élever fa fille âgée d'environ trois ans, & le vivant portrait de fon père.

Après avoir rendu toutes mes vifites aux officiers de la garnifon, je retournai, fuivant ma promeffe, dîner à Boulguin où madame Kasloff me remit ses lettres pour ses parens à Moscou.

Le lendemain, notre exprès arriva, mais il n'avoit pu joindre les Toungousses qui s'étoient dispersés dans les terres; plus d'espérance par conséquent d'avoir des rennes: cependant il me sembloit essentiel de ne pas différer mon départ, les chemins devenant plus mauvais chaque jour; plus j'attendrai, me disois-je, moins je pourrai atteindre la croix de Yudoma avant la débâcle totale des rivières, & plus je risquerai d'être arrêté par les débordemens. Plein de ces réflexions, je revins à la charge auprès de M. le major; il eut beau m'exposer tous les désagrémens que j'aurois à essuyer, les obstacles que j'aurois à combattre, les dangers même dont je serois menacé, la saison étant trop avancée pour le traînage; je crus devoir persister dans ma demande. Vaincu par mes instances, il me promit enfin de donner les ordres nécessaires pour que rien ne m'empêchât de partir le surlendemain;

1788,
Mai.
Le 8.
A Okotsk.
Impossibilité d'avoir des rennes, & dispositions pour mon départ.

feulement il mit pour condition à fa complaifance, que je reviendrois fur mes pas
dès que je me verrois dans un péril im-
minent : j'étois fi content d'avoir obtenu
ma liberté, que je m'engageai à ce qu'il
voulut. Le refte du jour fut employé à
me promener dans la ville, afin d'en
prendre une idée ; plufieurs perfonnes de
notre fociété m'accompagnèrent pour me
guider dans mes remarques.

Plus longue que large, la ville d'Okotsk
s'étend de l'eft à l'oueft prefque fur une
même ligne ; du côté du fud, elle voit
la mer à cent pas de fes habitations, une
grève de cailloux remplit cet intervalle :
du côté du nord, la rivière d'Okhota
baigne fes murs ; celle-ci prend fon embouchure à l'eft, c'eft-à-dire, à la pointe
de la langue de terre, fur laquelle eft
bâtie la ville, & qui s'élargit enfuite dans
la partie de l'oueft. L'intérieur de cette
capitale n'offre rien d'admirable ; la conftruction de fes maifons eft peu variée,
ce ne font que des ifbas, dont quelques-uns

fitués

fitués à l'eſt, plus vaſtes & mieux diſtribués que les autres, font occupés par les officiers. M. Kokh demeure dans le quartier oppoſé; la porte de ſa cour ouvre ſur la grande rue, laquelle eſt partagée par une place carrée, où ſe trouve la maiſon du commandant & la chancellerie qui ne font qu'un ſeul & même bâtiment; vis-à-vis eſt le corps-de-garde, & à gauche l'égliſe paroiſſiale. Ces divers édifices n'ont pas grande apparence; ils étoient autrefois renfermés dans une enceinte paliſſadée, dont il reſte à peine quelques veſtiges. Une porte conſervée à l'oueſt du gouvernement, indique encore que c'étoit-là ce qu'on appeloit la fortereſſe; derrière, eſt une rue très-voiſine de la rivière, & peuplée de marchands, dont les boutiques ſymétriquement diſpoſées bordent chaque côté de la rue.

Le port n'eſt rien moins que ſpacieux; je n'oſerois même lui en donner le nom, ſi je n'y euſſe compté ſept à huit petits bâtimens ou galiotes, appartenant les uns

1788, *Mai.* Le 9. A Okotsk.

Le 10.

Partie II. N

à la couronne, les autres à des négocians faifant le commerce de fourrures d'Amérique. Ce port eft à l'eft, prefqu'à l'extrémité de la ville & à peu de diftance de la rivière qui le forme dans fes finuofités. Sur l'invitation de M. Hall, lieutenant de vaiffeau, j'allai voir dans le chantier deux petits navires qu'on étoit en train de conftruire pour l'expédition de découvertes confiée à M. Billings. L'équipage, les foldats & les conftructeurs avoient été envoyés ici à grands frais; tous travailloient avec la plus grande ardeur à cet armement *(k)* que je préfume devoir être très-coûteux à l'Impératrice.

Fidèle à fa parole, M. Kokh avoit pourvu à tous les apprêts de mon départ; le 10 au foir, mes fix traîneaux étoient chargés & attelés; à l'inftant je pris congé de ce brave major & des officiers, qui me renouvelèrent dans leurs adieux le défir de me revoir.

____

(k) Je ne tarderai pas à revenir fur cet objet.

Ma ſuite étoit augmentée de deux hommes qui devoient me ſervir de pilotes ſur la rivière Yudoma. Je marchai toute la nuit malgré le mauvais état des chemins, car bientôt je reconnus l'exactitude du rapport qui m'avoit été fait ; je les trouvai remplis d'eau, & en quelques endroits, dans les bois principalement, nos chiens en avoient juſqu'au ventre. Le vent nous venoit toujours du ſud & le ciel étoit des plus chargés ; tout annonçoit que le dégel n'étoit pas prêt à s'arrêter.

Cependant, après avoir traverſé la rivière Okhota, je gagnai ſans accident le village de Medvejé-golova, ou de *la tête d'ours*, à quarante-cinq verſtes d'Okotsk, & habité par des Ruſſes & des Yakoutes. J'y arrivai au point du jour, mais nos chiens étoient ſi las, que je me décidai à y paſſer la journée & même la nuit, ne pouvant eſpérer des relais en ce lieu.

Je comptois le lendemain me rendre à Moundoukan, à vingt verſtes du dernier

1788,
Mai.
Le 10.
A Okotsk.

Le 11.

Le 12.
Paſſage dangereux.

village. A moitié chemin une partie de nos attelages refusa service ; malgré notre répugnance, nous descendîmes une rivière qui sembloit nous offrir une voie plus commode. A peine eûmes-nous fait quelques pas, qu'un craquement subit se fit entendre sous nos traîneaux ; une minute après je me sentis enfoncer doucement, un glaçon me soutenoit ; il brisa de nouveau, & les patins de mon traîneau furent dans le moment aux trois quarts submergés. Vainement eussé-je tenté d'en sortir, le moindre ébranlement me plongeoit plus avant dans l'eau. Heureusement sa profondeur n'étoit que de quatre pieds ; à force de travail mes gens parvinrent à m'en retirer, mais ceux qui me portèrent secours en eurent presqu'aussitôt besoin eux-mêmes : il fallut nous prêter la main les uns aux autres pour regagner la terre ; car sourd aux représentations de mes conducteurs, je voulus poursuivre ma route. Cependant la neige fondoit si rapidement, que nos chiens pataugeoient dans l'eau sans avancer; ils tomboient les uns sur les autres excédés de fatigue.

1788,
Mai.
Le 12.
Remontran-
ces d'un de
mes guides.

Dans le nombre de mes guides étoit un sergent que m'avoit donné M. Kokh pour ma plus grande sûreté; sa réputation d'intrépidité & d'expérience me le faisoit regarder comme ma boussole & ma sauve-garde. L'œil incessamment fixé sur lui, j'observois ses mouvemens, sa contenance, & jusque-là il m'avoit paru d'un calme inaltérable. Au milieu des murmures de mes autres compagnons, il n'étoit point sorti de sa bouche un seul mot, il n'avoit fait aucun geste qui marquât de l'émotion. Je devois naturellement prendre ce si-lence pour un désaveu des craintes qu'on tâchoit de m'inspirer, & sa tranquillité pour un encouragement à continuer ma marche. Jamais je ne fus si étonné que de voir mon homme s'arrêter tout à coup, protestant qu'il n'iroit pas plus loin. Je l'interroge, je le presse de s'ex-pliquer : « C'est trop long-temps me taire, » répond-il; retenu par un sentiment

» d'amour-propre, de rivalité de courage,
» j'ai toujours différé de vous faire con-
» noître mon opinion fur le parti hafar-
» deux que vous voulez fuivre; mais plus
» j'admire votre hardieffe, plus il eft de
» mon devoir d'empêcher qu'elle ne vous
» foit funefte, & de vous éclairer fur les
» périls, fur les contrariétés de tout genre
» qui vont naître à chaque pas devant
» vous. Déjà la plupart des rivières fe
» dégagent de leurs glaces; quand bien
» même, ce dont je doute, vous vien-
» driez à bout de les franchir, penfez-
» vous qu'avant peu vous ne vous trou-
» verez pas furpris & enfermé par les
» débordemens? quelle fera votre ref-
» fource alors? de chercher un afyle fur
» une montagne ou dans une forêt; fe-
» rez-vous encore affez heureux pour en
» rencontrer. Ainfi que les habitans de
» ces cantons *(l)*, en pareille circonftance,

____

(l) Accoutumés à ces retards lorfqu'ils voyagent
dans cette faifon, ils courent fe réfugier fur les
arbres les plus élevés, & s'y fabriquent en branchages

» vous conftruirez - vous une cabane fur
» la cîme des arbres pour y attendre pen-
» dant des quinze & vingt jours que les
» eaux fe foient écoulées? qui vous ré-
» pondra qu'elles ne s'élèveront pas au-
» paravant à la hauteur même de votre
» retraite, qu'elles ne vous entraîneront
» pas avec l'arbre qui vous portera? êtes-
» vous sûr enfin que l'abondance de vos
» provifions pourra vous préferver durant
» cet intervalle des inquiétudes de la di-
» fette? Si ce rapide expofé des malheurs
» qui vous attendent, ne fuffit point pour
» vous intimider, fi vous héfitez à me
» croire, partez, vous êtes le maître, j'ai
» rempli mon devoir envers vous, per-
» mettez que je vous quitte. »

Cette brufque remontrance, la prédic-
tion terrible qu'elle contenoit, ne laifsèrent pas de faire impreffion fur mon
efprit. En y réfléchiffant, je fentis que je

1788,
Mai.
Le 12.

Je reviens
fur mes pas.

---

des efpèces de huttes qu'ils nomment *labazis;* mais
fouvent il arrive que fi les torrens manquent de les
atteindre, ils n'en périffent pas moins faute de vivres.

N iv

n'avois rien à faire de mieux que de retourner fur l'heure à Okótsk, d'où je n'étois éloigné que de cinquante-cinq verftes.

Revenu le même foir à Medvéjé-golova, j'y reftai jufqu'au lendemain quatre heures après-midi; de-là, jufqu'à la rivière Okhota, je n'effuyai d'autre défagrément que celui d'aller fort lentement; mais en revanche lorfqu'il fallut la traverfer, nouveaux rifques & nouvelles tranfes. J'avoue que je partageai celles de mes gens: je n'ofois ni mefurer la largeur de la rivière *(m)*, ni perdre de vue la trace de mon traîneau; la mobilité de la glace que le courant foulevoit de toutes parts, me faifoit craindre qu'elle ne pût refifter au poids de tant de paffagers; il me fembloit à chaque inftant que l'abîme s'ouvroit fous quelqu'un de nous. Enfin, lorfque nous eûmes atteint le rivage, nous nous comptâmes les uns après les autres pour

---

(m) C'eft à peu-près celle de la Seine à Paris.

nous convaincre qu'il ne nous manquoit personne, & le plaifir d'avoir échappé à ce dernier danger, nous donna des ailes pour faire le refte du chemin jufqu'à Okotsk, où nous arrivâmes le 14 à midi.

Un fi prompt retour m'attira d'abord quelques plaifanteries de la part de M. Kokh & des autres officiers; chacun me rappela qu'il me l'avoit prédit, mais j'étois moins confus de la folie de ma tentative, que défefpéré de fon inutilité. Je calculois avec douleur que mon féjour en cette ville feroit peut-être d'un mois. Affiégé par les idées les plus triftes*(n)*, ce ne fut qu'en

1788,
Mai.

Le 14.
Séjour à
Okotsk.

(n) Tous les contre-temps que j'avois éprouvés depuis mon débarquement au port de Saint-Pierre & Saint-Paul, fe retraçoient à la fois à mon efprit; par-tout je croyois reconnoître l'afcendant invincible de la fatalité qui s'oppofoit au fuccès de ma miffion. En vain avois-je mis tout en œuvre pour faire plus de diligence; en vain mon zèle porté jufqu'à la témérité, m'avoit-il en maintes occafions fait hafarder & ma vie & le dépôt dont j'étois chargé; que j'étois encore loin de Péterfbourg! Cependant il eft reconnu que dans l'efpace de fix mois au plus,

prenant beaucoup fur moi, que je fus répondre aux démonftrations de joie & d'amitié qui me furent prodiguées. Les bons traitemens que je reçus enfuite de tous côtés, firent une fi agréable diverfion à mon chagrin, que je finis par n'avoir plus de mérite à la réfignation.

il eft poffible de faire ce trajet; qu'on s'embarque en effet à Bolcheretsk au commencement de juillet fur la galiote du gouvernement ou fur un navire marchand, on peut, fi l'on n'a point de temps contraires, arriver à Okotsk au bout de trois femaines ou d'un mois, & même on m'a cité des gens qui ont fait ce voyage en douze à quinze jours. D'Okotsk à Yakoutsk, avec des chevaux, c'eft l'affaire d'un mois; il en faut autant, foit qu'on veuille remonter la Léna, foit qu'on préfère de la côtoyer à cheval pour gagner Irkoutsk; ainfi dans les premiers jours d'octobre on doit y êtré : qu'on y attende, je fuppofe, pendant un mois & demi l'établiffement du traînage; il eft bien facile dans cette faifon & par cette voie, de fe rendre en fix femaines à Saint-Péterfbourg. Le gouverneur général d'Irkoutsk y a été en vingt-huit jours.

II n'eft point d'expreffions pour peindre mon impatience & mon défefpoir, quand d'après ce calcul je revenois fur la longueur de mon voyage; huit mois écoulés, & n'être encore qu'à Okotsk!

Parmi les officiers de la garnifon, j'eus principalement de grandes obligations à M. Loftfoff, capitan ifpravnik; il fe hâta d'envoyer dans tous les environs l'ordre de raffembler fur le champ les moins mauvais chevaux & de les tenir prêts à

1788, *Mai.* Le 14. A Okotsk. Ordre donné en ma faveur par M. Loftfoff.

A la vérité, je n'avois pas été le maître de choifir la faifon, & j'avois perdu trois mois à Bolcheretsk dans l'attente du traînage; obligé en outre de faire par terre le tour de la prefqu'île du Kamtfchatka, j'avois eu à lutter contre les tempêtes & contre mille traverfes plus fâcheufes les unes que les autres. Tant de retardement avoient été fans contredit auffi inévitables qu'involontaires (c'eft ce qu'attefte l'écrit que m'a donné M. Kokh, & que le lecteur trouvera joint au certificat de M. Kaffoff, à la fin de cet ouvrage); mais fi les obftacles qu'on a rencontrés font une juftification valable, les regrets n'en font pas moins inféparables de leur fouvenir. Toujours il eft affligeant de ne pouvoir faire fon devoir, fur-tout lorfqu'il eft prouvé que dans un autre temps, avec d'autres moyens, il eût été aifé de le remplir; mais je crois le fupplice doublement cruel, quand le terme de nos travaux & de nos vœux eft notre patrie & le bonheur de revoir les objets les plus chers. Telles étoient les réflexions qui m'agitèrent à mon retour à Okotsk; elles empoifonnèrent pendant plufieurs jours les plaifirs que tout le monde s'attachoit à m'y procurer.

marcher au premier fignal *(o)*. Cette pré-caution me mettoit à portée de faifir le moment favorable dès qu'il fe préfente-roit, car je me flattois toujours de le voir naître plus tôt qu'on ne m'en donnoit l'efpérance.

Madame Kafloff informée de mon re-tour, eut l'honnêteté de m'envoyer chaque jour de fa campagne une abondante pro-vifion de lait, qu'elle favoit m'avoir été

(o) C'étoit en effet beaucoup exiger, fi l'on confidère la foibleffe extrême de ces pauvres ani-maux, qui ne vivent tout l'hiver que de rameaux de faules ou de bouleaux. Avec une telle nourriture, quel fervice en attendre! pour foutenir un fi long jeûne, ils ont grand befoin du repos qu'on leur accorde pendant toute cette faifon; & même à l'entrée du printemps, il eft peu fûr de les faire travailler avant qu'ils n'aient repris des forces par une meilleure pâture. A peine le dégel a-t-il dé-couvert les campagnes, qu'ils s'y difperfent à l'envi. Avec quelle avidité ils fe jettent fur les premiers brins d'herbe que le printemps a fait naître! ils épient, pour ainfi dire, celle qui commence à poindre; mais quelque rapide que foit la végé-tation, on conçoit qu'il leur faut encore bien du temps pour recouvrer leur vigueur.

confeillé par M. Allégretti, comme le feul aliment qui pût remettre ma poitrine. Je fus d'autant plus touché de cette attention, qu'il m'étoit impoffible de m'en procurer à Okotsk, même au poids de l'or.

Quelques jours après, j'appris une nouvelle qui répandit dans mon cœur une vraie fatisfaction. Un exprès venant d'Ingiga, annonça l'arrivée de M. Kaffoff en cette ville; mais il n'apportoit aucune lettre de ce commandant, & notre joie fit bientôt place aux inquiétudes. En quel état fera-t-il arrivé à Ingiga? pourquoi n'écrit-il pas? fa fanté peut-être ne le lui a pas permis. Et nous voilà à queftionner tour-à-tour le courrier qui avoit beau nous raffurer, perfonne ne vouloit le croire; cependant la vraifemblance de fes récits, leur conftante uniformité, & plus encore notre propre confiance, fi naturelle lorfqu'il eft queftion de ce qu'on défire ardemment, nous perfuadèrent à la fin que nos craintes étoient vaines; & malgré la trifte expérience que j'avois

1788,
Mai.
Le 14.
A Okotsk.

Avis de l'arrivée de M. Kaffoff à Ingiga.

faite des difficultés de la route & de la défaveur de la faifon, aveuglé par mon attachement pour l'objet de nos alarmes, quelquefois je me déguifois à moi-même les obftacles pour me livrer à l'efpérance de le revoir avant mon départ.

Okotsk étant le fiége de l'adminiftra-tion & le principal entrepôt du commerce des Ruffes en ces contrées, je me trou-vois véritablement à la fource des con-noiffances fur ces matières. La fociété dans laquelle je vivois, m'offroit à cet égard tant de moyens d'inftruction, qu'il m'eût été impoffible de n'en pas profiter. Je m'appliquai d'abord à l'étude du com-merce, à la recherche des caufes qui ont préparé, affermi & multiplié les entre-prifes des colonies Ruffes dans ces parages. J'appelai à mon fecours les perfonnes les plus éclairées, les négocians les plus ha-biles; & pour m'affurer de la fidélité de leurs rapports, fouvent je les oppofai les uns aux autres & aux affertions de Coxe. Qu'il me foit permis de tranfcrire ici les notes que je pris à ce sujet pour mon utilité personnelle. S'il s'y rencontre quelques détails assez intéressans pour me faire pardonner la digression, je m'applaudirai de mon travail, & je croirai avoir atteint mon but.

Par la conquête de la Sibérie occidentale, les Russes s'étoient mis en possession des mines fécondes qu'elle recéloit en son sein, & dont ses habitans paroissoient faire peu de cas : à l'extraction du fer, les vainqueurs ajoutèrent celle de l'argent, de l'or & d'autres précieux métaux, éternel objet de la cupidité des hommes. La découverte de ces nouvelles sources de richesses, enflamma le courage des conquérans; il en résulta le désir d'étendre leur domination plus loin, & leurs regards avides se portèrent au-delà d'Irkoutsk, qui, de ce côté, pouvoit servir alors de limite à cet empire.

Aux premières incursions dans les pays voisins, on reconnut, non sans regrets, qu'il n'y avoit pas les mêmes

1788,
Mai.
Le 14.
A Okotsk,

avantages à efpérer : par-tout la nature s'y montroit en marâtre ; la ftérilité du fol, égale à la rigueur du climat, la ftupide inertie de fes fauvages habitans, pour la plupart chafleurs, pafteurs, ichthyophages, ne promettoient pas de grandes reffources à l'induftrie ; tout fembloit fait plutôt pour repouffer les idées de fpéculations. Cependant l'avarice ingénieufe fut encore y trouver des tréfors à s'approprier ; à l'afpect des vêtemens de ces peuples, elle penfa fur le champ à les en dépouiller, calculant la poffibilité d'y réuffir par la féduction des échanges, & le profit immenfe que lui procureroit cette branche de commerce, fi elle parvenoit à s'en emparer.

En s'avançant davantage dans l'eft de l'Afie, on remarqua que les fourrures devenoient plus belles ; c'en fut affez pour perfuader à la Ruffie qu'il convenoit à fes intérêts & à fa gloire, d'affujettir à fes loix toutes les parties de cette vafte contrée. Jufque-là elles avoient été le

théâtre

théâtre des pirateries d'un ramas de Cofaques & de Tartares, auxquels s'étoient
joints quelques Rufſes animés du même
efprit de brigandage. Le fuccès de leurs
tentatives fe répandit de proche en proche ; l'appât du gain appela un plus grand
nombre d'émigrans, dont l'audace s'ac-
crut en proportion de la réfiſtance que
leur oppofoient les indigènes. En vain la
nature avoit-elle placé ceux-ci dans des
déferts arides, au milieu des forêts, où
leur indépendance paroiſſoit hors d'at-
teinte ; en vain les frimats, les montagnes & des mers glacées lui fervoient
de remparts ; il n'en eſt point d'infurmontables pour l'ambition, la fureur
des conquêtes & la foif des richeſſes. Le
courage des naturels renouveloit chaque
jour les combats, mais il ne put les fauver
de l'oppreſſion ; les vainqueurs renaiſ-
foient, pour ainfi dire, à mefure qu'il en
périſſoit dans ces luttes fanglantes. De
fréquens renforts, avoués par le gouvernement, venoient réparer ces pertes ; ils

1788,
Mai.

Le 14.
A Okotsk.

Partie IIe   O

empêchoient que les vaincus euffent le temps de revenir de la furprife & de la honte d'avoir cédé à une poignée d'étrangers dont les ufurpations s'étendoient à chaque victoire. Déjà la force de leurs armes les avoit rendus maîtres de tout le territoire jufqu'à Okotsk; & dans le nord, ils avoient pouffé leurs courfes jufqu'à la rivière Anadir.

Pour affurer tant d'avantages, il falloit un fyftème de domination & de commerce; auffitôt des forts furent conftruits, des villes s'élevèrent. Ces établiffemens, tout miférables qu'ils étoient, ouvroient un afyle aux commerçans Ruffes & autres qui avoient appris la route de ces provinces; fatigués du trajet ou de leurs périlleufes expéditions, ils pouvoient s'y réfugier ou y puifer des fecours contre les infultes des habitans primitifs, toujours prêts à fecouer le joug & à ufer de repréfailles.

En effet, indépendamment des vexations de toute efpèce exercées contr'eux,

fans doute à l'infçu d'une cour dont ils
venoient de fe rendre tributaires, fouvent
encore avoient-ils à fouffrir des trahifons,
des cruautés, & tous les excès auxquels
peuvent fe porter des conquérans féroces,
entraînés par l'ivreffe des fuccès, par
l'abus des richeffes & du pouvoir, & par
l'efpérance de l'impunité. En fe livrant à
ces horreurs, les particuliers étoient enhardis par l'exemple des fupérieurs, même
des officiers prépofés pour arrêter ces
défordres ; ils devinrent enfin fi grands,
qu'ils provoquèrent la févérité du fouverain. Le produit des douanes n'arrivoit
plus à fon tréfor avec la même abondance ;
les tributs fe perdoient ou s'altéroient en
paffant par les mains chargées de les per-
cevoir ; de-là ces fréquens changemens des
chefs, dont les vices ou l'ineptie étoient
juftement accufés, & méritoient au moins
un prompt rappel ; de-là l'indifcipline des
troupes, l'infubordination parmi les co-
lons, les délations journalières, les meur-
tres & tous les crimes qu'enfante l'anarchie.

1788,
Mai.
Le 14.
A Okotsk.

O ij

Il en arriva de même au Kamtſchatka, après qu'un chef de Coſaques *(p)* eut réduit les peuples de cette péninſule à ſe préſenter d'eux-mêmes au joug de la Ruſſie. Combien il fut d'abord appeſanti ſur leurs têtes ! que de troubles ! que de déprédations ! que de révoltes ! Cette guerre inteſtine & cruelle ne ceſſa que lorſqu'on eut pourvu à une meilleure adminiſtration.

Un nouvel ordre de choſes s'établit ; les droits des indigènes furent plus reſpectés, les taxes moins arbitraires, les devoirs mieux remplis. Dégagé des entraves qui l'environnoient, le commerce commença à proſpérer, les ſpéculations s'agrandirent ; de riches négocians Ruſſes envoyèrent leurs facteurs à Okotsk, & cette ville devint la métropole des autres places de commerce qui ſe formèrent ſucceſſivement. L'avantage de ſa poſition au centre des provinces conquiſes, lui valut cette préférence, & fit oublier la

____

(p) Voyez Coxe ; *chap. I.*ᵉʳ

petiteſſe de ſon port : mais la navigation ſe bornoit preſque au cabotage ; les bâtimens n'étoient pour la plupart que des galiotes qui faiſoient la traite au Kamtſchatka.

1788,
Mai.
Le 14.
A Okotsk.

Les cargaiſons qu'elles rapportoient, c'eſt-à-dire, ces pelleteries précieuſes tirées des mains des habitans par la voie des échanges ou de l'impôt, étoient enſuite envoyées dans l'intérieur de l'empire, où la vente s'en faiſoit ſous les yeux de la cour, & en grande partie pour ſon compte. Le caprice des acheteurs nationaux & étrangers, étoit le ſeul arbitre des enchères ; l'art des vendeurs conſiſtoit à hauſſer le prix de leurs marchandiſes ; mais l'adreſſe des uns & l'émulation des autres ne produiſoient de bénéfice réel qu'au gouvernement, par les droits énormes qui lui reviennent ſur tout ce qui ſe vend, comme ſur tout ce qui s'achette.

Cependant Okotsk fleuriſſoit ; le nombre des navires marchands qui ſortoient de ſa rade, ou qui y rentroient, augmentoit

O iij

de jour en jour : de plus grandes liaifons firent naître de plus grandes vues.

Des caravanes Ruffes, en s'éloignant de la Sibérie, étoient parvenues de défert en défert, de fleuve en fleuve, jufqu'aux frontières de la Chine. Après des démêlés très-vifs, après plufieurs traités enfreints & rompus, il fut enfin arrêté que les deux nations trafiqueroient enfemble fur la frontière. Ce privilége qu'aucun autre voifin de l'empire Chinois n'avoit encore obtenu, étoit fait pour donner au commerce Ruffe *(q)* une extenfion infinie.

Auffi les négocians n'eurent pas plutôt connu cette nouvelle porte pour le débit de leurs fourrures, qu'ils penfèrent aux

---

(q) Ce feroit peut-être ici où je devrois placer les renfeignemens qui me furent donnés en même temps fur l'origine, les progrès & la nature des liaifons de ces deux empires; mais comme les caravanes envoyées par les Ruffes à Kiatka, fe raffemblent ordinairement à Irkoutsk, il me paroît convenable de remettre à rendre compte de ce commerce à mon arrivée en cette dernière ville, où je pourrai acquérir des éclairciffemens encore plus exacts.

moyens de s'en procurer en plus grande quantité. Leurs bâtimens confiés à des pilotes choifis fur les vaiffeaux de la couronne, fe portèrent à l'eft du Kamtf-chatka. Ces navigateurs, plus hardis qu'éclairés, eurent un bonheur auquel ils n'euffent jamais dû prétendre; non-feu-lement ils trouvèrent des îles inconnues, mais ils revinrent de leurs courfes avec des cargaifons fi confidérables, des pel-leteries fi belles, que la cour de Péterf-bourg crut devoir s'occuper plus parti-culièrement de ces découvertes.

Déterminée à les fuivre, dans l'efpoir de compter un jour ces îles au nombre de fes poffeffions, elle remet l'exécution de fes deffeins à des officiers de marine plus expérimentés, tels que Behring, Tchirikoff, Levacheff & autres non moins célèbres. Les uns arment & s'em-barquent à Okotsk, les autres partent du port d'Avatcha ou Saint-Pierre & Saint-Paul, à la pointe du Kamtfchatka; tous parcourent à l'envi le vafte archipel

O iv

1788,
Mai.

Le 14.

A Okotsk

qui s'ouvre devant eux, tous marchent de découvertes en découvertes. Les îles de Cuivre, de Behring, celles aux Renards, les Aleutiennes, font reconnues tour à tour; & de nouveaux tributs enrichiffent le tréfor de la couronne. Après avoir erré long-temps fur ces mers, ces heureux Argonautes arrivent fur les côtes d'Amérique. Une prefqu'île (celle d'Alaxa) fe préfente à leurs regards; defcendus à terre, ils y apprennent qu'elle fait partie d'un grand continent; tout leur indique que ce doit être le nouveau monde, & pleins de joie, ils reprennent la route de leur patrie.

A peine eurent-ils rendu compte du fuccès de leur voyage, prouvé par les utiles obfervations qu'ils rapportoient, que les vues du commerce fe tournèrent avec avidité vers une région où on lui affuroit des reffources inépuifables. Des comptoirs Ruffes s'établirent à Alaxa *(r)*,

---

(r) Je n'entre point dans les détails fur la manière dont ces établiffemens fe font faits. Malheu-

& l'immenſité des bénéfices a toujours
entretenu depuis, malgré l'éloignement,
la plus active communication entre les
facteurs & leurs commettans : voici
comment la traite ſe fait à Okotsk, d'où
nombre de vaiſſeaux s'expédient chaque
année pour l'Amérique.

Dès qu'un négociant ſe propoſe de faire
ce voyage en perſonne ou par quelqu'un
de ſes agens, il demande l'agrément du
commandant, & rarement lui eſt-il refuſé.

1788,
Mai.
Le 14.
A Okotsk.

---

reuſement les Ruſſes ne s'y montrèrent ni plus in-
tègres, ni plus humains qu'on ne les a vus dans
leurs précédentes conquêtes ; & je voudrois qu'i
dépendît de moi de tirer pour jamais le rideau ſur
les ſcènes d'horreurs qu'ils repétèrent à leur arrivée
en ces climats ; mais les injuſtices & infidélités des
chefs, pilotes, négocians & matelots, ont donné
lieu à tant de réclamations, à tant de procès, tant
d'auteurs en ont parlé, qu'inutilement les paſſerois-
je ſous ſilence. On ſait ſur-tout que pluſieurs équipages de navires employés à cette traite, ont été
accuſés d'avoir pris plutôt qu'acheté les fourrures
qu'à leur retour ils ſe faiſoient doublement payer.
Non contens d'arracher aux malheureux indigènes
ces fruits de leur courage & de leurs peines, tantôt
ils les contraignoient de faire ſous leurs yeux & à

La cargaison du navire est divisée par
actions, en achette qui veut: le nombre
des actions ne s'élève qu'à la somme fixée
pour les frais d'armement & pour l'acquisition des marchandises de traite, qui
consistent en étoffes, ferrures, verroteries,
mouchoirs, eau-de-vie, tabac & autres
objets estimés des sauvages. Les officiers
& matelots n'ont point d'appointemens,
mais dans la cargaison il leur est assigné
une part, qu'on nomme *païe*. Les courses

leur profit, la chasse aux loutres, aux castors, aux
vaches marines, aux renards, &c. tantôt ils chas-
soient eux-mêmes par excès de défiance ou de ra-
pacité. D'après une telle conduite, on est porté à
les croire coupables d'excès encore plus révoltans.
Comment en effet supposer qu'à une si grande distance, les instructions & les menaces du souverain
aient pu toujours prévenir les crimes! l'expérience
n'a que trop démontré, principalement dans l'étendue de l'empire Russe, que l'autorité s'affoiblit à
mesure qu'elle s'éloigne de son centre. Combien il
lui faut d'années de vigilance & de sévérité pour se
faire mieux obéir & pour réprimer les abus! C'est
à quoi travaille depuis long-temps l'administration
actuelle, & il est à présumer que ses efforts n'ont
pas été inutiles.

durent des trois, quatre & six ans, &
toujours la cupidité conduit dans les endroits les moins visités, ou tente d'en
découvrir d'autres *(ſ)*.

A leur retour, les vaisseaux sont soumis
à une visite rigoureuse; d'après la facture
du chargement, les armateurs payent au
fisc les droits qu'il s'est attribué sur tous
les effets qui peuvent composer la cargaison; elle est ensuite évaluée, & par
une égale répartition, chaque actionnaire
reçoit en nature ou autrement, le mon-
tant de sa mise (sauf les avaries & les
non valeurs), & sa part au bénéfice, s'il
en existe. On sent que le hasard décide

1788,
Mai.
Le 14.
A Okotsk.

(ſ) Tel étoit même le projet d'un négociant de
ma connoissance, qui en attendoit les plus grands
avantages. La carte du voyage de Cook à la main,
il comptoit entrer dans la rivière qui porte le nom
de ce célèbre navigateur, puis prolonger sa course
jusqu'aux environs de la baie de Nootka. S'il vient
à bout d'exécuter son plan, il est possible qu'il ne
soit pas tout-à-fait trompé dans ses espérances; &
peut-être un jour ses compatriotes devront-ils à
son intelligence & à son courage, la connoissance
de nouvelles sources de fortune.

1788,
Mai.
Le 14.
'A Okotsk.

à peu-près feul de la quotité du dividende ou du déficit ; enfin, partie des marchandifes eft mife en vente à Okotsk, & partie eft tranfportée à Yakoutsk, & de-là à Irkoutsk, d'où elles vont à Kiakhta, tenter les acquéreurs Chinois.

Adminiftra-
tion.

L'adminiftration ne méritoit pas moins d'examen que le commerce. Pendant mon féjour au Kamtfchatka, dont tous les tribunaux relèvent de ceux d'Okotsk, ainfi que je l'ai déjà dit, j'avois été à même de recueillir fur cette matière des notions *(t)* affez étendues. Il me reftoit à obferver de plus près la difcipline de la garnifon & la police de la ville, qui m'ont également étonné.

Je croyois voir une milice effrénée, telle qu'elle fut autrefois, c'eft-à-dire, une bande de Cofaques farouches, brigands par caractère, & ne connoiffant d'autres loix que leur caprice ou leur intérêt. Il ne fe paffoit pas de jour qu'il

____

(t) *Voyez* la première partie, *pages 138 & 140.*

n'en défertât quelques-uns avec armes &
bagages; fouvent même les magafins étoient
pillés par cette foldatefque infolente. En
vain les agens de l'autorité s'armoient de
rigueur pour arrêter & les défertions &
ces brigandages; en vain tous les coupables qu'il étoit poffible de faifir, fubif-
foient le fupplice des *battogues* ou ba-
guettes, & les autres punitions en ufage
dans les troupes Ruffes; il fe trouvoit de
ces malheureux fi endurcis aux coups ou
fi incorrigibles, qu'ils encouroient le
lendemain de nouvelles peines, fans que
jamais de plus rudes châtimens puffent
les contenir ni en impofer aux autres.
Aujourd'hui cependant cette garnifon eft
foumife à une difcipline encore plus févère, & les exemples de l'infubordination
font plus rares. Sans contredit on doit
des éloges aux réformateurs dont la pa-
tience & l'habileté ont déjà opéré ce bien.

La police a dû exiger de leur part les
mêmes foins; il n'étoit pas aifé de l'établir
au milieu d'une ville qui compte parmi

1788,
Mai.
Le 14.
A Okotsk.

fes habitans un grand nombre d'exilés.
La plupart ont mérité les flétriffures inef-
façables que la main de la juftice im-
prima fur leurs têtes criminelles, & le
refte condamné aux galères, médite fans
ceffe, en fe traînant aux travaux du port,
quelques moyens de brifer fes fers impu-
nément. Parfois il s'en échappe, & malheur aux lieux où fe portent ces forçats!
mais la vigilance continuelle du commandant ne leur laiffe pas long-temps cette
funefte liberté; bientôt ils font repris,
punis; des chaînes plus pefantes les
environnent & répondent aux citoyens
honnêtes qui vivent à côté de ces fcé-
lérats, de la fûreté publique. La conduite
de M. Kokh en ces occafions m'a paru
auffi fage que ferme; à l'efprit de modération qui fait le fond de fon caractère,
il allie la plus inflexible févérité.

Les Lamoutes, les Toungouffes & les
Yakoutes ne laiffent pas de donner auffi
du travail à l'adminiftration, foit par les
plaintes qu'ils font naître, foit par leurs

fréquentes infurrections, fur-tout lors de la perception des impôts. Ce détail important eft confié à M. Loftfoff, capitan-ifpravnick; par fon activité & fa prudence, il fait pacifier les troubles, accommoder les différends, & faire exécuter fans violence les décrets de fa fouveraine. J'ai été à portée de juger combien tous les gens du pays étoient fatisfaits de fa geftion.

C'eft dans cet état profpère que j'ai trouvé ce département. Puiffe le témoignage que je m'empreffe de rendre en fa faveur, être oppofé aux premières relations, & mettre le lecteur en garde contre le préjugé défavantageux qu'a pu lui laiffer le tableau des vices de l'ancien gouvernement ! On doit au moins cette juftice au nouveau, que s'il règne encore quelques abus dans l'adminiftration, il s'applique fans relâche à les corriger à mefure qu'ils font reconnus.

Il couroit depuis peu le bruit (j'ignore fur quel fondement) que la cour penfoit

1788,
Mai.
Le 14.
A Okotsk.

Projet
de tranflation
des habitans
d'Okotsk.

1788,
Mai.

Le 14.
A Okotsk.

à transférer les habitans d'Okotsk ou à Oudskoï, ou dans quelque autre endroit voisin. Si véritablement c'est-là son intention, j'imagine qu'elle aura senti la nécessité d'avoir sur ces côtes une ville plus considérable, & que la commodité du site, la grandeur & la sûreté du port détermineront son choix pour l'emplacement.

Détails sur l'expédition de M. Billings.

J'ai promis des détails sur la mission de M. Billings : j'ai dit que ses deux navires se construisoient dans les chantiers d'Okotsk, mais je serois fort embarrassé de dire aussi vers quels lieux ils feront voile. Il m'a été impossible de percer ce mystère ; tout ce que je sais, c'est que M. Billings, sur sa réputation & les preuves de talent qu'il a données dans un des voyages du capitaine Cook son compatriote, a été appelé en Russie avec le grade de capitaine de vaisseau, pour commander une expédition secrète, qu'on présume avoir pour but quelque découverte. Les pouvoirs qui lui ont été

accordés,

accordés, paroiſſent des plus étendus. Des matériaux, des ouvriers, des matelots, tout ce qui pouvoit lui être néceſſaire lui a été fourni par la cour.

Pour plus de célérité, M. Billings avoit partagé ſon monde ; une partie fut envoyée à Okostk ſous les ordres de M. Hall ſon lieutenant, pour la conſtruction des deux vaiſſeaux, tandis qu'avec le reſte il gagna la mer glaciale ſur de fortes chaloupes & d'autres embarcations qu'il avoit fait conſtruire à la hâte dans la rivière Kolumé.

Perſonne ne ſavoit encore l'objet de cette première courſe, chacun ſe perdoit en conjectures. Les plus raiſonnables s'accordoient à ſoupçonner que ce navigateur avoit tenté de faire le tour de cette partie de l'Aſie depuis la Kolumé, & de doubler le cap Svetoï, cherchant un paſſage pour revenir à Okotsk par la mer du Kamtſchatka ; mais ſi tel a été ſon projet, il eſt vraiſemblable qu'il a rencontré dans l'exécution, des obſtacles infurmontables, puifqu'au bout de quelques mois d'une navigation pénible, il eft rentré dans la rivière Kolumé, & venoit de fe rendre à Yakoutsk.

Les travaux conduits par M. Hall à Okotsk, avoient été fufpendus pendant une grande partie de l'hiver, mais ils furent repris pendant mon féjour, & fuivis avec chaleur. Déjà le corps d'un vaiffeau étoit achevé, & la quille de l'autre placée dans le chantier. Les cordiers, forgerons, charpentiers, voiliers, calfats *(u)*, avoient des ateliers féparés. La préfence des officiers infpecteurs réveilloit fans ceffe le zèle des ouvriers. Malgré l'extrême diligence que j'ai vu mettre de tous côtés dans cette conftruction, je

---

(u) Tous venus de Ruffie, ainfi que les maîtres d'équipages & les gabiers. Cependant pour compléter le nombre néceffaire de matelots, M. Hall étoit obligé de faire des recrues ; & les ordres dont il étoit porteur, étoient fi précis, qu'à fa première réquifition, le commandant lui fourniffoit tous les fecours d'hommes & de matériaux dont il avoit befoin.

doute que ces navires puissent être en état d'appareiller d'ici à deux ans.

Jamais la rivière Okhota ne s'étoit débarrassée de ses glaces plus tard que le 20 mai ; cette année, au grand étonnement des habitans, la débâcle n'eut lieu que le 26 après midi. C'est un spectacle pour la ville, & j'y fus appelé comme à une partie de plaisir ; mais dans l'idée que ce ne pouvoit être autre chose que ce que j'avois vu à Pétersbourg, je montrai aussi peu d'empressement que de curiosité. On redoubla d'instance, & je me laissai conduire au rivage ; la foule y étoit déjà : je fus entouré sur le champ de gens qui s'extasioient en chœur à l'aspect des glaçons énormes que la rapidité du courant soulevoit de toutes parts. Ils s'entrechoquoient avec bruit, s'entassant les uns sur les autres. Un instant après, de longs gémissemens frappèrent mon oreille ; je cherche d'où partent ces cris, & je vois une troupe d'hommes & de femmes, courir comme des désespérés sur la rive:

1788,
Mai.
A Okotsk.
Débâcle
de la rivière
Okhota.

P ij

je m'approche en tremblant, perſuadé qu'il y a quelque malheureux enfant prêt à périr ; je ſuis bientôt déſabuſé.

Une quinzaine de chiens étoient cauſe de ce trouble ; leurs maîtres, par pitié ou par avarice, ſe lamentoient de concert ſur le ſort de ces pauvres animaux, dont la perte paroiſſoit certaine. Aſſis tranquillement ſur les glaçons qui les emportoient, ils regardoient d'un air étonné, la foule rangée le long du rivage ; ni les clameurs, ni les ſignes de tout ce monde, ne purent les faire ſortir de leur immobilité. Deux ſeulement eurent l'inſtinct de chercher à ſe ſauver ; ils parvinrent, non ſans peine, à l'autre bord : le reſte diſparut au bout de quelques minutes ; une fois en pleine mer, il y aura infailliblement trouvé la mort.

Ce furent les ſeules victimes de la débâcle ; mais ſes effets ont été parfois ſi terribles, qu'on déménage chaque année toutes les maiſons voiſines *(x)* de la rivière.

____

(x) On a vu dans la deſcription d'Okotsk, que

Des débris épars fur le rivage, atteftent qu'il y en a eu beaucoup de renverfées par ce funefte événement. On m'a affuré qu'en plufieurs années, il avoit détruit près d'un quart de la ville.

On y attendoit avec impatience que cette rivière reprît fon cours : il étoit temps que la pêche, devenue poffible, fournît des reffources contre la difette qui commençoit à fe faire fentir. Les provifions de poiffon faites l'été précédent, avoient été peu abondantes, & fe trouvoient prefque épuifées. Celles de farine étoient pareillement fort avancées ; ce qui en reftoit, fe vendoit à un prix fi haut, que le peuple ne pouvoit en approcher. Dans cette extrémité, l'humanité de M. Kokh fe fignala. Il y avoit de la

1788,
Mai.

A Okotsk.

Difette
caufée par
la longueur
de l'hiver.

---

ces bâtimens compofent le quartier des marchands. Dans leur effroi, ils avoient démonté toutes leurs boutiques, pour les tranfporter dans la place du Gouvernement : c'eft-là qu'ils réfolurent de s'établir déformais ; en conféquence, on fe mit en devoir d'y reconftruire leurs baraques, dont le nombre fut confidérablement augmenté.

P iv

1788,
Mai.

A Okotsk.

farine de feigle en réserve dans les magafins de la couronne, & il la donna à
la claffe indigente des habitans. Ces diftri-
butions leur procurèrent quelque foula-
gement, mais il ne fut pas de longue
durée. M. Kokh, qui recevoit tous
les jours plufieurs perfonnes de la ville
à fa table, fe vit réduit lui-même à faire
ufage du peu de comeftibles qu'il avoit
gardés de l'année dernière. A la fin,
nous ne mangions que du beuf féché au
foleil. Pour avoir de la viande fraîche,
M. le major envoya chaffer aux rennes
& aux argalis, mais on ne lui en rapporta
qu'une feule fois.

La débâcle finie, il fit auffitôt jeter la
feine. J'étois là avec une grande partie
de la ville, & felon moi, ce fpectacle
valoit bien l'autre : il n'eft point de termes
pour rendre le faififfement, le plaifir de
cette multitude de témoins au premier
coup de filet; il amena une quantité prodigieufe de petits poiffons, comme éper-
lans, harengs &c. à cette vue, la joie,

les cris redoublèrent; les plus affamés furent les premiers fervis; on leur abandonna tout le produit de cet heureux début. Je ne pus retenir mes larmes en confidérant l'avidité de ces malheureux; des familles entières fe difputoient le poiffon, & le dévorèrent tout cru fous nos yeux.

A ces pêches, qui de jour en jour devinrent plus copieufes par la rentrée du faumon *(y)* & autres gros poiffons dans ces rivières, fuccéda la chaffe aux oifeaux aquatiques *(z)* qui revinrent bientôt en couvrir la furface; ce fut un nouveau moyen de fubfiftance pour les habitans.

Cependant la faifon avançoit, & malgré des brouillards très-fréquens, nous vîmes, par intervalles, luire quelques beaux jours.

(y) La préparation du faumon fe fait ici comme au Kamtfchatka.

(z) Je crois avoir déjà rendu compte de la manière dont fe fait cette chaffe, très-facile dans le temps de la mue de ces oifeaux. Le bâton eft la feule arme avec laquelle on les attaque.

1788,
Mai.
A Okotsk.

Préparatifs
pour mon
départ.

Ils nous fembloient d'autant plus précieux, que dans la nuit du 29 il tomba deux pouces de neige, & qu'il gela un degré au deſſous de zéro. Les eaux s'écoulèrent peu à peu, mais on n'apercevoit aucun indice de végétation. Quelques brins d'herbe pourrie, triſte fruit des derniers efforts de la nature, à la fin de l'automne paſſé, étoient la ſeule nourriture que la terre offrît aux chevaux, en attendant celle que leur promettoit le retour du printemps.

Déjà je brûlois de partir, & quoique je ne puſſe me diſſimuler le mauvais état dans lequel devoient être encore ces animaux, je preſſai M. Kokh de faire promptement raſſembler tous ceux qui avoient été arrêtés pour moi, étant décidé à me mettre en route le 6 juin au plus tard. Ses ordres furent ponctuelle-ment exécutés; & grâces à ſes ſoins, aux bontés de madame Kaſloff, aux libéralités de pluſieurs amis que je laiſſai dans cette ville, je me trouvai tout-à-coup d'amples provifions de bifcuit & de pain. Sans le fouvenir de la difette que nous venions d'éprouver, je n'euffe été que flatté de ces préfens : mais l'idée que j'allois me nourrir des facrifices de l'a-mitié, bleffoit ma délicateffe, & il m'en coûta cruellement pour me réfoudre à garder ce que je ne pus faire reprendre ; car plus je fis de difficultés, plus j'effuyai de plaintes & d'inftances auxquelles il fallut enfin céder.

La veille de mon départ fut confacrée aux adieux. J'eus la fatisfaction d'appren-dre que M. Loftsoff penfoit à m'accom-pagner jufqu'à Moundoukann. Des affaires relatives à fa conftruction y appeloient auffi M. Hall, qui fe difpofa fur l'heure à s'y rendre avec nous. Je ne m'attendois pas à un autre compagnon qui m'étoit doublement cher ; M. Allegretti m'an-nonça le foir qu'il s'étoit arrangé pour me conduire jufqu'à la croix d'Yudoma : quelles furent ma furprife & ma reconnoif-fance, lorfque je fus que fon attachement

1788,
Juin.
A Okotsk.

pour moi étoit le feul motif de fon voyage!
De mes deux foldats, Golikoff feul me
fuivit; Nedarézoff refla à Okotsk, mais
j'emmenai fon père qui me fut donné
pour me fervir de pilote fur la rivière
Yudoma. Nombre d'ouvriers, ainfi que
j'en étois convenu avec M. Kokh, devoient partir auffitôt après nous, pour
venir réparer fous mes yeux les bateaux
qui feroient trop endommagés, afin de
ne pas m'expofer à de nouveaux dangers
ou à de plus grands retards.

Tous mes préparatifs étant achevés,
je m'arrachai dés bras de M. Kokh. Par
honneur, plufieurs des habitans me menèrent hors des portes de la ville, où
nos chevaux nous avoient dévancés; là,
nous nous féparâmes en faifant encore
des vœux les uns pour les autres, &
j'aime à me perfuader que mes hôtes, en
me quittant, emportèrent la certitude de
n'avoir pas obligé un ingrat.

A l'afpect du courfier que je devois
monter, je reculai d'horreur & de com-

paſſion. Jamais je n'avois rencontré ſem-
blable haridelle ; des flancs décharnés &
caves, une croupe étroite & pointue où
l'on comptoit tous les os, le cou alongé,
la tête entre les jambes, des jarrets mal
aſſurés, voilà le portrait fidèle de ma
monture : qu'on juge de l'encolure des
autres chevaux, le mien paſſoit pour un
des moins mauvais. La ſelle me parut ſe
rapprocher des nôtres. Celles des porteurs
de nos bagages étoient plus petites, en
bois & à jour ; ſur le ſommet de ce bât
s'élevoient deux bâtons en croix, auxquels on avoit ſuſpendu & attaché les
charges *(a)*, en obſervant d'en rendre le
poids égal de chaque côté, car la moindre

(a) C'étoient des ſacs de cuir & des porte-man-
teaux ; ils ont cela de commode, que les côtés du
cheval n'en peuvent être bleſſés. Leur poids eſt
ordinairement de cinq pouds ou deux cents livres,
& jamais il n'excède ſix pouds ou deux cent quarante livres. On nomme ces charges *viouki*, &
leurs porteurs *viouſchni-loſchadei*. Lorſque les effets
ſont moins lourds ou d'un plus petit volume, on
les place ſur le dos de l'animal, & on les y attache
avec une corde de crin qui paſſe ſous le ventre.

1788,
Juin.
Le 6.
Saline à
trois lieues
d'Okotsk.

disproportion eût bientôt fait perdre l'équilibre aux pauvres bêtes.

Ce fut dans ce piteux équipage que notre caravane se mit en marche. Pour se consoler de sa lenteur, chacun s'égaya aux dépens de sa monture. A douze verstes d'Okotsk, on me montra sur le bord de la mer une saline assez considérable; les hommes qui y travaillent sont tous des malfaiteurs ou gens repris de justice. Au-delà de cette maison nous laissâmes la mer sur notre gauche, pour côtoyer pendant quelque temps l'Okhota,

Note sur
l'Okhota, &
détails sur ma
route.

Si la débâcle de cette rivière cause tant d'alarmes dans la ville, ses débordemens ne sont pas moins fatals aux environs; sort-elle de son lit, non-seulement elle inonde les terres qui l'avoisinent, mais devenue torrent, elle s'enfle davantage à mesure qu'elle s'étend. On prétend qu'on a vu ses eaux s'élever à deux pieds au-dessus de la cîme des plus grands arbres. On peut supposer d'après cela, quels sont ses ravages; ce qu'il y a de certain, c'eſt que j'ai trouvé dans les forêts des ravins d'une profondeur effrayante, qu'on m'a dit être ſon ouvrage.

1788, *Juin.* Le 6.

Près d'arriver à Medvéjé-golova, mon cheval s'abattit ſous moi ſans qu'il fût poſſible de le faire relever ; heureuſement j'avois à temps quitté la ſelle, & je ne fus pas entraîné dans ſa chute. La bête reſta ſur la place *(b)*, où ſans doute elle

(b) La perte de ces animaux ne paroît pas affecler vivement les Yakoutes ; il ne leur vient pas même en idée de chercher à leur porter du ſecours. Dès qu'ils refuſent ſervice ou qu'ils tombent de foibleſſe & de fatigue, on les abandonne à leur malheureux ſort ; auſſi les chemins ſont-ils ſemés de leurs cadavres, la pâture des ours, qui ne lâchent priſe que lorſqu'il n'en reſte plus que les os. De dix pas en dix pas, nous rencontrions de ces ſquelettes de chevaux, & juſqu'à la croix d'Yudoma, je crois en avoir vu plus de deux mille. Mes conducteurs m'apprirent que la plupart avoient péri l'année précédente dans le tranſport d'Yakoutsk à Okotsk, de divers matériaux deſtinés à l'expédition de M. Billings ; les débordemens les avoient ſurpris, & à peine les conducteurs avoient-ils pu ſe ſauver. Une partie des charges étoit encore ſous des eſpèces d'angars & de ces labazis dont j'ai parlé, où les voyageurs dépoſent leurs effets juſqu'à ce que

expira quelques heures après. Il nous restoit encore onze chevaux; je fus remonté dans l'instant, & gagnai le village sans autre accident.

Le lendemain à neuf heures du matin, nous en sortîmes pour traverser à gué la rivière Okhota, dont nous cessâmes de suivre le cours. Je remarquai çà & là sur mon chemin, des yourtes Yakoutes à une assez grande distance les unes des autres; rarement on en voit plusieurs réunies.

Le penchant de ces familles à s'isoler de la sorte, ne tiendroit-il pas à un motif d'intérêt de première considération pour ce peuple? Les chevaux étant son unique richesse, si les propriétaires (il en est qui en possèdent mille & plus) pensoient à rapprocher leurs habitations, comment pourvoir à la nourriture de leurs nombreux haras? les pâturages des environs

---

l'écoulement des eaux leur permette de les venir retirer. On m'ajouta que chaque année les Yakoutes perdoient ainsi quatre à cinq mille chevaux, dans la traite des objets de commerce dont ils se chargent.

seroient bientôt épuisés. Pour y suppléer, il faudroit donc envoyer les troupeaux au loin, & que d'inconvéniens pourroient en résulter, soit par la négligence, soit par les infidélités des gardiens.

Arrivés à Moundoukann, nos chevaux étoient si fatigués, que nous y passâmes la nuit & toute la journée du 8. J'ai dit plus haut *(c)*, que ce village est à vingt verstes de Medvéjé-golova; il donne son nom à la rivière sur laquelle il est situé.

Au point du jour, je me séparai de Mrs Hall & Loftsoff qui devoient rester en ce lieu. D'abord je gravis une haute montagne nommée *Ourak*, dont le sommet étoit encore couvert de neige; nos chevaux en eurent jusqu'au ventre, & souffrirent beaucoup dans ce passage.

Au pied de cette montagne coule la rivière qui porte le même nom. Aussi large que profonde, elle n'est pas moins rapide; sur le bord est une yourte qu'on

1788,
Juin.
Le 7.

Le 8.

Le 9.

(c) Voyez mon premier départ d'Okotsk, *page* 195.

me dit être habitée par des gens qui font métier de bateliers, mais en ce moment ils étoient tous dehors, peut-être à la chaffe; leur demeure ouverte annonçoit qu'ils n'étoient abfens que depuis peu de jours.

Ennuyés de les appeler & de les attendre, nous mîmes à l'eau le bateau le moins délabré de ceux qui fe trouvoient attachés fur le rivage, A force de chercher, nous découvrîmes des avirons; on déchargea & débâta les chevaux, les bagages furent portés dans le bateau qui nous conduifit tour-à-tour à l'autre bord. Reftoient nos courfiers, & je tremblois qu'ils ne puffent y parvenir à la nage. La fécurité de mes Yakoutes à cet égard me parut inconcevable; à coups de gaule ils les forcèrent de defcendre à l'eau : le bateau alloit en avant pour les diriger, tandis qu'un des conducteurs refté à terre les accabloit de pierres, & les effrayoit par fes cris pour les empêcher d'y revenir. Au bout d'une demi-heure ils nous

rejoignirent

rejoignirent fains & faufs; dans l'inftant ils furent fellés, rechargés *(d)*, & nous reprîmes notre marche.

La foibleffe de nos chevaux nous contraignit de faire halte à vingt-cinq verftes de Moundoukann, dans l'endroit qui leur offroit le plus de pâture, & où les traces d'ours étoient plus rares.

Après un jeûne de fix mois, c'eft-à-dire; après l'hiver, on conçoit combien leur voracité eft redoutable. Sortis de leurs tanières, ils fe répandent dans les campagnes; & à défaut de poiffon, qui n'abonde pas encore dans les rivières, ils fe jettent avec furie fur tous les animaux qui fe préfentent, & principalement fur les chevaux. Nous étions obligés de fonger pour nous-mêmes aux moyens de les écarter : voici le tableau de nos pré-

---

(d) Les Yakoutes ont une telle habitude de cet exercice, qu'ils défieroient le palefrenier le plus expéditif. Ils attachent les chevaux de tranfport trois par trois à la queue les uns des autres, & une feule courroie fert à les mener tous.

Partie IIe   Q

cautions, d'après lequel le lecteur pourra se faire une idée de nos haltes.

L'emplacement choifi , les chevaux étoient débarraffés de leurs charges, & on les laiffoit paître en liberté ; à l'entour de notre petit camp, nous allumions des feux d'efpaces en efpaces , puis avant d'entrer dans ma tente, je tirois plufieurs coups de fufil. On m'avoit affuré que le bruit & l'odeur de la poudre faifoient fuir les ours. A la pointe du jour, on raffembloit nos chevaux ; s'il s'en étoit éloigné quelques-uns, les cris de mes Yakoutes les ramenoient auffitôt : ils ont en cela le même talent que les Koriaques pour leurs rennes.

Surpris de voir continuellement des crins de chevaux fufpendus à des branches d'arbres, j'en demandai la raifon, & je fus que c'étoient des offrandes faites par les gens du pays aux dieux des bois & des chemins. Mes guides avoient leurs endroits favoris, où ils alloient pieufement dépofer de femblables dons. Cette fuperſtition a du moins ce point d'utilité, que les tributs qu'elle paye, peuvent ſervir d'indication des routes.

Dans la journée précédente, nous avions traverſé à gué pluſieurs bras de la rivière Ourak, qui ſe ramifie à l'infini ; aucun ne nous avoit arrêtés. Le 11, vers les cinq heures après midi, nous rencontrâmes de nouveau cette rivière ; ſa largeur n'étoit pas très-conſidérable, & ſans la pluie *(e)* que nous eûmes juſqu'au ſoir, & qui l'avoit extrêmement groſſie, nous n'euſſions pas balancé à la franchir comme la veille. Le chef de mes conducteurs me repréſenta qu'il y voyoit du danger ; mais on m'avoit prévenu qu'au moindre obſtacle, ſi j'avois la foibleſſe de céder à leurs conſeils, ils étoient gens à me preſſer de faire halte en plein midi, bien plus pour ſe repoſer

1788,
Juin.

Le 11.

(e) Je fus témoin ce jour-là, d'une choſe qui mérite d'être rapportée : mes Yakoutes arrachèrent avec adreſſe de longs morceaux d'écorce de pins, & ſurent s'en faire des eſpèces de parapluie, ſous leſquels ils paſsèrent la nuit.

Q ij

eux-mêmes, que pour foulager leurs chevaux. Je réfolus donc de les contraindre
à fonder au moins le paſſage ; l'épreuve
me convainquit de la juſteſſe de l'obfervation. Celui à qui j'ordonnai d'entrer
dans la rivière, fut forcé de revenir promptement à terre ; fon cheval avoit perdu pied
à quelques pas du bord : il fallut camper
dans les environs, où heureuſement nos
chevaux trouvèrent à brouter.

Je ne faiſois toujours qu'un feul repas
le foir pour perdre moins de temps, ne
mangeant dans le jour que du bifcuit de
feigle ; mais j'avois recommandé à tout
mon monde de m'avertir dès qu'on aper-
cevroit quelques pièces de gibier *(f)*, de
forte que pendant long-temps nous ne
vécûmes que de ma chaſſe. La néceſſité
eſt un grand maître, & l'habitude me tint
lieu d'habileté.

____

(f) Indépendamment des oifeaux aquatiques,
nous trouvions aſſez fouvent fur nos pas des coqs
de bruyère, des perdrix blanches, des gélinottes, &
nous faifions également main - baſſe fur les œufs,
quand nous pouvions les découvrir.

S'il m'arrivoit de tuer des petits-gris, c'étoit le profit de mes Yakoutes, à la réserve de la peau qu'ils me rendoient. Golikoff m'avoit dégoûté de cette viande, que, sur sa parole, je jugeois très-mauvaise. Un jour pourtant, tenté par la blancheur de ces petits animaux bouillis, je voulus en manger; ils ont un goût de sapin, mais moins désagréable qu'on ne me l'avoit dit. Dans un moment de disette je m'en fusse fort bien accommodé, & je pardonne aux Yakoutes d'en faire leurs délices.

Leur principal mets, qu'ils nomment *bourdouk*, m'a infiniment plus répugné; c'est une bouillie épaisse de farine de seigle *(g)* & d'eau, dans laquelle, après l'avoir tirée du feu, ils versent de l'huile de poisson : la quantité qu'ils en mangent m'a fait frémir. En général on prétend qu'il n'y a point de plus gros mangeurs; parfois, pour se régaler, m'ajouta-t-on;

1788,
Juin.
Le 11.

Nourriture ordinaire des Yakoutes.

____

(g) Au défaut de farine de seigle, ils enlèvent l'écorce la plus tendre du pin, la font sécher & la pulvérisent.

1788,
Juin.
Le 11.

ils font rôtir un cheval qui difparoît en peu d'heures entre un petit nombre de convives. Ce que renferme le fac de l'animal, n'eft point un morceau dédaigné parmi eux. Qui croiroit que des hommes de cette voracité font en d'autres temps d'une frugalité qui nous paroîtroit infupportable, & qu'il leur arrive même fréquemment de refter plufieurs jours fans manger?

Le 12.

Je fus réveillé de bonne heure par mes guides, qui vinrent m'annoncer que la rivière avoit beaucoup baiffé dans la nuit. Pendant qu'on chargeoit nos bagages, je vis arriver à nous quelques cavaliers, qui avoient été retenus de même fur la rive oppofée; pour gagner la nôtre, ils n'avoient couru aucun rifque, & nous raffurèrent complettement.

Rencontre d'une caravane de négocians.

C'étoient des négocians ruinés qui alloient tenter fortune, en qualité de commiffionnaires d'un riche commerçant, dont la fpéculation avoit obtenu l'agrément de la cour & tous les fecours qui

lui étoient néceffaires. Elle avoit pour but
le commerce des pelleteries, principalement des martres zibelines prifes chez
les Koriaques & chez les Tchouktchis.
Ces facteurs devoient fe répandre depuis
l'embouchure de la rivière Pengina, juf-
que bien avant dans les terres. Le terme
du voyage étoit fixé à quatre ou cinq ans;
ils fe propofoient non-feulement d'acquérir des fourrures de tous côtés, mais encore
de chaffer eux-mêmes les animaux qui les
portent : ne craignant d'entraves que de
la part des naturels du pays, ils s'étoient
pourvus de munitions & d'armes, pour
être en état de repouffer leurs infultes.

— En nous quittant, ils jetèrent un regard
de pitié fur nos triftes montures, tandis
que d'un œil d'envie nous obfervions la
force & l'embonpoint des leurs. Sortis
des environs d'Yakoutsk, où l'on recueille
des fourrages pour l'hiver, ces chevaux
préfentoient un parfait contrafte avec les
nôtres, que la comparaïfon me fit trouver
encore plus mauvais.

Q iv

1788,
Juin.
Le 12.

Quand nous eûmes paſſé la rivière, je demandai à mes guides ſi je pouvois eſpérer que ce fût pour la dernière fois. « Non, » me dirent-ils, avant la fin du jour, » nous en traverſerons trois autres. » Sur la deſcription qu'ils m'en firent, je conjecturai que ce devoient être de nouvelles ramifications de l'Ourak. Quoi qu'il en ſoit, mes craintes ſe renouvelèrent à chaque paſſage ; l'idée qu'un cheval pouvoit chanceler & tomber avec ma caiſſe, me faiſoit friſſonner.

A la ſortie d'un bois épais, je me vis au bord d'un véritable torrent ; cette nouvelle rivière en avoit la rapidité, & ſa largeur n'étoit guère moins de deux cents pas ; elle ſe jette dans l'Ourak à peu de diſtance. Cependant nous la jugeons guéable, & dans cette confiance, je preſſe mon cheval d'y deſcendre : au beau milieu, je ſens ſes jambes trembler ; je l'encourage, il tient bon, avance & l'eau ne m'atteint plus qu'au genou. Enhardi moi-même, je me remets en ſelle, car la vue du

courant me caufoit des étourdiffemens
continuels, & mon corps fe portoit tout
d'un côté. Enfin, je touchois prefqu'au
rivage, dont l'élévation exigeoit de nouveaux efforts; il falloit, pour y parvenir,
grimper fur un quai de glaçons qui le
bordoit encore; la pente étoit extrêmement rapide, mais j'euffe en vain cherché
une autre iffue. Je prends donc mon
parti, & je dirige l'animal vers cette
grève périlleufe. Déjà fes pieds de devant
font pofés, il fe cramponne de fon mieux
pour placer ceux de derrière; au même
inftant il gliffe, tombe à la renverfe; nous
nous trouvons féparés l'un de l'autre &
tous deux à la nage. L'endroit étoit profond, la pefanteur de mes habits gênoit
mes moindres mouvemens. Entraîné par
la violence du courant, ainfi que mon
cheval qui nageoit affez près de moi, je
perdois infenfiblement mes forces; j'allois
être emporté vers la jonction des deux
rivières, quand tout-à-coup j'entends
qu'on me crie : Tâchez d'attraper votre

cheval, ou c'eſt fait de vous. Cette voix, l'approche du danger me raniment; je m'élance avec force, j'étends la main & ſaiſis la bride. Le ciel ſans doute veilloit à ma conſervation, car en même temps mon cheval prit pied & s'arrêta; un moment plus tard nous étions perdus : je me hiſſai le long de la bride juſqu'au cou de l'animal que j'embraſſai fortement; je reſtai ſuſpendu ainſi entre la vie & la mort, n'oſant remuer & appelant à grands cris à mon ſecours. Mon fidèle Golikoff avoit en vain voulu ſuivre ma trace; la vigueur de ſon cheval n'avoit pas répondu à ſon zèle. Dans ſon impatience, c'étoit lui qui m'avoit donné le ſalutaire & terrible avis de m'accrocher à la bride; dès qu'il en aperçut l'heureux effet, il redoubla d'efforts pour gagner le rivage : y ſauter, accourir à mon cheval, le tirer hors de l'eau & me rendre à la vie, ce fut pour lui l'affaire de cinq minutes.

Mon premier ſoin, après avoir ſauté au cou de mon libérateur, fut de porter la main à ma ceinture, d'en arracher mon porte-feuille. Malgré la toile cirée qui l'enveloppoit, l'eau l'avoit pénétré, & je tremblois pour deux paquets effen- tiels que m'avoit recommandés parti- culièrement M. le comte de la Pérouze: je vis avec joie qu'ils n'étoient pas très- mouillés.

Ma caiffe étoit reftée à l'autre bord, mais mon inquiétude à fon égard fut bientôt diffipée par l'arrivée de M. Al- legretti & de mes autres compagnons, qui la remirent entre mes mains. Ils étoient encore pâles & confternés de mon accident, & regardoient comme un miracle que j'euffe pu me fauver. J'avois vu la mort de trop près pour n'être pas de leur avis.

Nous remontâmes enfuite à cheval, mais j'avoue qu'à l'approche d'une rivière, mon fang fe glaçoit dans mes veines; j'envoyois toujours en avant un de mes guides, & je n'étois raffuré que lorfqu'il m'avoit fait figne de l'autre bord.

1788, *Juin.* Le 12.

Routes dans
les bois.

Pendant cette journée, ainsi que dans les précédentes depuis mon départ d'Okotsk, nous voyageâmes constamment à travers des forêts, ou nous suivîmes le cours des rivières. Dans les bois, les arbres *(h)* qui bordent les routes sont petits, mais si fourrés, si hérissés de broussailles, que mes Yakoutes étoient obligés de nous frayer un passage à coups de hache *(i)*, ce qui ralentissoit encore notre marche, bien que nous n'allassions jamais qu'au pas.

Arrivée
à Ouratskoï-
plodbisché.
Habitans de
ce hameau.

J'arrivai d'assez bonne heure à Ouratskoï-plodbisché ; c'étoit la première habitation que j'eusse rencontrée depuis la yourte déserte des bateliers sur le bord de l'Ourak, & je m'y reposai le reste du

---

(h) Ce sont pour la plupart ou des saules ou des aunes ; mais en s'enfonçant dans ces forêts, on y remarque des sapins & des bouleaux d'une belle hauteur.

(i) Ils se servent à cet effet d'une lame large & longue, enchâssée au bout d'un bâton de trois pieds. Cette arme leur tient lieu de lance & de hache.

jour. Cette rivière coule aussi au pied de ce hameau ; le nombre de ses habitans se borne à quatre soldats qui occupent chacun un isbas. Ils sont chargés de la garde d'un magasin où l'on dépose les effets appartenant à la couronne, venant d'Okotsk ou d'Yakoutsk. Dans l'occasion, ils descendent les marchandises jusqu'à l'embouchure de l'Ourak ; mais celle-ci est tellement embarrassée, tantôt par des bas-fonds & tantôt par des cataractes, les embarcations sont si frêles, que la navigation n'y est pas moins dangereuse que pénible.

Dans la matinée je traversai en bateau cette rivière, qui prend sa source non loin d'un lac immense, auprès duquel nous fîmes halte le même soir. Situé sur une hauteur, il peut avoir six à sept verstes de tour ; on le dit très-poissonneux.

Je ne saurois taire une scène qui se passa ce jour-là entre mes Yakoutes, pour un cheval qu'il fallut abandonner en chemin. Ils s'étoient arrêtés & te-

1788, *Juin.* Le 12.

Le 15. Source de l'Ourak.

Usage des Yakoutes lorsqu'ils abandonnent un cheval en route.

noient conseil autour de l'animal. Impatient de voir finir cette discussion, j'allois leur en témoigner mon mécontentement; mais ils me prévinrent, en implorant mon indulgence pour le retard qu'ils m'occasionnoient. Comptables des chevaux dont la conduite leur est confiée, ils sont dans l'usage, lorsqu'ils en perdent par accident ou par excès de fatigue, de leur couper la queue & les oreilles, qu'ils rapportent aux maîtres pour leur décharge, sans quoi ils sont contraints d'en payer la valeur. En ce moment, il étoit question de savoir s'ils achevroient de tuer l'animal moribond; cela demandoit quelque temps, & je n'étois pas d'humeur à leur en sacrifier; aussi répondis-je brusquement qu'il y avoit un moyen plus simple, plus court & moins cruel. Je leur promis un certificat qui attesteroit la perte, & suppléeroit aux preuves accoutumées, en m'accusant de ne les avoir pas laissé prendre. Ils acquiescèrent sans hésiter à ma proposition, & l'on me dit que je devois leur savoir gré d'une telle déférence.

Dans l'espérance d'aller plus vîte, je chargeai le vieux Nédarézoff de veiller à nos bagages, & je partis devant avec M. Allegretti, Golikoff & un Yakoute. Une mare se présenta, sa profondeur pouvoit être d'un pied : nous y entrâmes M. Allegretti & moi ; Golikoff nous suivit, tenant ma caisse sur sa selle. A peine eut-il fait dix pas, que son cheval fléchit du devant, & le jeta de côté ; mais plus occupé de son dépôt que de sa propre conservation, il roula sur la caisse qu'il n'eut garde de lâcher. Je descendis aussitôt pour lui aider à se relever : il étoit tombé dans la bourbe sans se faire aucun mal. Sa plus grande peine étoit que ma caisse fût mouillée ; il ne s'en consola que lorsqu'il vit que l'intérieur ne l'étoit point.

Nos chevaux étoit si fatigués, que nous fûmes forcés de mettre pied à terre, & de les tirer par la bride, tandis que notre Yakoute les fouettoit vigoureusement par

1788, *Juin.*

Le 16. Accident arrivé à mon soldat Golikoff.

derrière. Nous marchâmes ainſi tout le jour, nous arrêtant de demi-heure en demi-heure dans les endroits où l'herbe nouvelle commençoit à ſe montrer *(k)*, pour reſtaurer un peu nos pauvres montures.

Vers les trois heures après midi, nous parvînmes à Yudomskoï-kreſt, ou la croix d'Yudoma *(l)*. Sur une hauteur, d'où l'on brave les débordemens de cette rivière, qui promène au loin ſon onde impétueuſe, s'élèvent pluſieurs magaſins gardés par quatre ſoldats, qui s'y réfugient lorſque les eaux ont gagné leurs demeures

---

(k) J'ai déjà parlé de la promptitude de la végétation. De jour en jour ſes progrès devenoient plus ſenſibles ; les arbres dépouillés ſi long-temps recouvroient peu-à-peu leur parure, & bientôt la campagne ne fut plus qu'une vaſte prairie émaillée de fleurs champêtres. Quel ſpectacle pour un homme dont l'œil depuis ſix mois n'avoit contemplé que des fleuves glacés, des montagnes & des plaines couvertes de neige ! il me ſembla renaître avec la nature & ſortir de deſſous ſes ruines.

(l) Il y a en effet une grande croix plantée au bord du rivage.

plus

plus voifines du rivage ; ils font auffi le métier de mariniers, & font au fervice des voyageurs.

1788,
Juin.
Le 16.

A la vue de l'ordre dont j'étois porteur, ils fe mirent entièrement à ma difpofition. Malheureufement tous leurs bateaux étoient dans le plus mauvais état poffible ; point d'ouvriers ni de matériaux pour les raccommoder : ceux qui devoient m'être envoyés d'Okotsk, n'étoient pas près de nous joindre, & j'avois hâte de m'embarquer *(m)* pour defcendre les rivières Yudoma, Maya & Aldann. Parmi ces foldats, un feul avoit fait ce voyage ; il en étoit revenu depuis neuf ans & avoit totalement oublié la route : on me confeilla de n'avoir recours à lui qu'au refus de tous les autres.

Difficultésque
j'éprouve pour
m'embarquer.

Le feul Nédarézoff fut donc ma reffource ; on me l'avoit donné pour me

***

(m) L'eau baiffoit à vue d'œil chaque jour : un plus long retard m'eût expofé à tous les dangers des bas-fonds ; & le moyen alors d'éviter la redoutable cataracte !

Partie II.   R

fervir de pilote, mais quel pilote ! douze ans s'étoient écoulés depuis qu'il avoit remonté une fois la rivière, & l'unique chofe dont il fe fouvînt, c'eft qu'il avoit été trois ans à faire le trajet d'Yakoutsk à Okotsk. Il conduifoit alors un convoi confidérable de bois de conftruction, d'ancres, cordages & autres effets pour un armement.

Réparations
faites à un
bateau pour
mon départ.

Des quatre bateaux qui étoient fur la grève, je choifis le moins mauvais & le plus étroit *(n)*, dans la proportion de douze pieds de long fur moitié de large. En l'examinant, je reconnus qu'il falloit l'étouper, le brayer & mettre un bordage de plus de l'avant, pour oppofer plus de réfiftance au bouillonnement des vagues. Avec deux planches & des clous arrachés d'un vieux bateau, un des foldats qui entendoit un peu le métier de charpentier, vint à bout de faire & d'affujettir

---

(n) Ces bateaux font plats & fe terminent en pointes aux deux extrémités.

ce bordage, mais tout nous manquoit pour les autres réparations; la nuit nous furprit, cherchant de tous côtés dans les magafins de quoi fuppléer au chanvre & au brai. Nos perquifitions furent vaines, & jufqu'au lendemain matin je ne ceffai de me creufer la tête pour imaginer quelque expédient.

Au point du jour, en allant vifiter mes ouvriers, je marchai fur une vieille & groffe corde jetée fur le rivage. Enchanté de ma trouvaille, je la portai à mes foldats; dans la minute elle fut coupée, détorfe, j'eus de la filaffe, & nous voilà à calfater les trois bordages les plus effentiels. Le difficile étoit de contenir & de garantir l'étoupe; mes conftructeurs me proposèrent de fermer ces fentes avec des lattes. Quand il fut queftion de les placer, autre embarras, ils n'avoient ni crochets de fer, ni clous; mais la néceffité donne de l'induftrie. De chaque côté de ces coutures nous fîmes des trous avec un vilebrequin, notre feul outil; des

1788.
Juin.
Le 16.

1788,
Juin.

Le 17.

lanières très-minces que je trouvai dans mes bagages, furent passées dans ces trous, bouchés ensuite avec de petites chevilles, & nous aidèrent à serrer ces lattes pour rendre notre embarcation impénétrable à l'eau. A trois heures après midi, nos travaux étoient achevés, le gouvernail en place, les rames ajustées; j'ordonnai à mes gens de se tenir prêts pour le lendemain.

Le 18.
M. Allegretti me quitte pour retourner à Okotsk.

A l'instant de partir, nous vîmes paroître une caravane de négocians d'Yakoutsk; ils alloient à Okotsk, & je pressai M. Allegretti de profiter de leur compagnie. Notre séparation se fit à neuf heures. Les services, les témoignages d'attachement que j'avois reçus de cet estimable chirurgien, se retracèrent tous à mon esprit & à mon cœur dans nos adieux.

Passage de la cataracte.

Pour rameurs j'avois pris deux soldats, & parmi eux celui qui avoit anciennement fait ce voyage; Nédarézoff étoit au gouvernail; Golikoff & moi devions le

remplacer lorfqu'il feroit fatigué. La rapidité du courant nous emporta avec une
telle violence, que nous pûmes nous dif-
penfer de ramer. Au train dont nous
allions, mes deux foldats ne doutoient pas
qu'avant la fin du jour nous n'arrivaffions à
la fameufe cataracte, à quatre-vingts verftes
& plus du lieu de notre départ. Leur
converfation ne roula que fur les rifques
qui nous y attendoient. Bien que je fuffe
prévenu de leur inexpérience, à force
d'entendre ces difcours dictés par la peur,
je finis par en éprouver moi-même ; je
crus devoir ufer de prudence, afin de
n'avoir rien à me reprocher. Je me faifois fouvent mettre à terre & je mar-
chois en avant le long du rivage, pour
reconnoître jufqu'où nous pourrions
naviguer fans crainte. Vers le foir, il
s'éleva un vent d'oueft-nord-oueft, qui
nous donna de la pluie. Plutôt que de
nous expofer par un fi mauvais temps,
je décidai de faire halte, & fis dreffer
ma tente fur mon bateau.

R iij

Après quatre heures de navigation interrompue par de fréquentes defcentes, toujours pour obferver l'approche de la cataracte, nous en eûmes enfin connoiffance. Accompagné de mes deux pilotes, j'allai auffitôt examiner l'endroit. Non loin de là, j'aperçus une petite île pierreufe, qu'on ne découvre que lorfque les eaux commencent à baiffer. Mes foldats me confeillèrent d'entrer dans le canal que nous devions trouver fur la droite; quoique la pente en fût très-rapide, ils affuroient qu'elle étoit infenfible en comparaifon de celle de la cataracte; reftoit à favoir fi l'eau feroit affez haute. Cet avis attira toute mon attention, & le réfultat de mes remarques m'ayant convaincu de fon utilité, je revins au bateau, déterminé à en profiter. J'encourageai mes gens de mon mieux, puis m'emparai du gouvernail. Nédarézoff refta près de moi; Golikoff fe mit en devoir d'aider un des rameurs, car nous n'avions que deux avirons. Nous avançâmes ainfi, les rames

levées, jufqu'à la rencontre des deux cou-
rans, dont l'un mène au canal, & l'autre
va fe perdre dans la cataracte. L'impé-
tuofité de celui-ci nous eût entraînés
dans le gouffre, fans la précifion & les
efforts de mes rameurs. Auffi prompts
que le fignal, leurs bras nerveux appuient
la rame, & luttent contre les vagues ;
elles s'enflent, s'irritent ; les fecouffes
violentes qu'elles donnent au bateau,
mes encouragemens continuels, & plus
que tout cela, la crainte de périr, re-
doublent l'ardeur de mes foldats ; enfin
nous fortons du courant perfide & nous
entrons dans le canal. Combien fon
onde nous parut calme après cet effrayant
paffage ! Pour laiffer repofer mon monde,
je m'abandonnai à la douceur de la
pente : le gouvernail fuffifoit pour diriger l'embarcation.

Dès que nous fûmes au pied de la
cataracte, la curiofité me fit tourner la
tête. A fon afpect affreux, je frémis &
remerciai le ciel de m'avoir offert une

R iv

1788,
Juin.
Le 19.

autre route. Sur dix bateaux obligés de suivre celle-ci, neuf y doivent faire naufrage ; j'en fais juge le lecteur.

Que deviendra cette frêle nacelle, qui, affrontant le danger, se laisse emporter par le torrent ? Dans sa chute précipitée, je la vois le jouet des lames d'eau qui se succèdent & qui tombent avec bruit de vingt pieds de haut sur trois énormes rochers qu'elles couvrent d'écume. Comment, sans un miracle, n'être pas submergé ? comment ne se point fracasser contre ces écueils menaçans au travers desquels il faut passer ? Cependant, lorsque le manque d'eau rend le canal impraticable, voilà le seul chemin à prendre. Mes conducteurs me dirent qu'avant de s'y hasarder on déchargeoit toujours les bateaux, c'est à quoi se bornent les précautions & le savoir des pilotes. Ces cataractes se nomment *Porog*.

Il nous restoit à franchir un endroit qui inquiétoit mes gens ; c'est ce qu'ils appellent *Podporojenei*, le dessous ou remous de la cataracte, qui en est éloigné d'une verste. Ils n'avoient pas fini d'en parler, que nous y étions déjà : j'eus à peine le temps de leur expliquer la manœuvre que je jugeois nécessaire. Il étoit question de choisir le côté le plus profond; la noirceur de l'eau me parut l'indiquer, & j'y donnai. Le bouillonnement, le volume des vagues, nous faisoient rouler & tanguer plus qu'en pleine mer : mais tout-à-coup notre bateau fut jeté contre un rocher à fleur d'eau que personne de nous n'avoit aperçu. De la force du choc nous fûmes renversés : mes compagnons se crurent perdus & n'osèrent se relever; j'avois beau leur crier de ramer, ils n'en tenoient compte. Je rattrapai le gouvernail, & voyant que rien n'étoit brisé, je les rassurai & j'obtins qu'ils reprissent leur place. Nous dûmes notre salut à la mousse dont cette roche étoit couverte; elle garantit le bateau, qui toucha de côté & glissa dessus, sans être aucunement endommagé.

1788,
Juin.
Le 19.

1788,
Juin.
Le 19.

Pour éviter cet accident, il faut paſſer précisément dans le milieu de la rivière, & ne point s'embarraſſer des lames qui s'y élèvent & ſemblent ſe briſer contre des roches. Le paſſage eſt d'environ cent cinquante toiſes. Au bas de ce Podporojenei tombe une autre rivière ; la limpidité de ſes eaux & leur cours paiſible à côté de l'agitation & du trouble de la Yudoma, forment un contraſte ſi marqué, que pendant long-temps l'œil les diſtingue l'une & l'autre.

Bras de la Yudoma, appelé *bras du diable.*

Sur la rive gauche de cette dernière, on en trouve encore un bras qui n'eſt guère moins redouté ; auſſi lui a-t-on donné le nom de *Tſchortofskoï-protok*, ou bras du diable. Il rentre dans le lit de la Yudoma, à trente verſtes de l'embouchure de celle-ci dans la Maya. On le reconnoît à la quantité d'arbres morts & de rochers qui obſtruent ſon entrée ; un courant très-rapide vous y entraîne pour n'en jamais ſortir, ſi vous n'avez la prévoyance de vous porter toujours ſur la droite.

Je penſai tuer un ours qui ſe promenoit
ſur le rivage ; je lui tirai un coup de fuſil
chargé à chevrotines ; malgré ſa bleſſure,
il s'enfuit dans les bois & je le perdis de
vue. Un inſtant après, faute d'avoir re-
chargé, je manquai un renne ſuperbe,
qui partit à quinze pas de nous. Je vis
auſſi pluſieurs argalis, des cygnes, des
oies, un renard, mais je n'en pus atteindre aucun.

Ce jour-là, pour la première fois
depuis mon départ d'Yudomskoï-kreſt,
j'aperçus une forêt de pins. En revanche
je n'avois pu compter tous les bois de
ſapins qui s'étoient offerts à mes regards
à droite & à gauche. C'eſt ce dernier
arbre *(o)* qui fournit les mâts & autres
bois de conſtruction à tous les chantiers
qui ſont ſur cette côte.

Une indiſpoſition ſe déclara chez moi
par un accès de fièvre, mais je n'y fis
pas grande attention ; ſeulement je reſtai

_____

(o) Son nom dans le pays eſt *liſtveniſchnoïé-
dérevo.*

1788,
Juin.
Le 20.

1788,
Juin.

Le 21.

couché dans mon bateau, & mon régime se borna à boire de l'eau froide. Je ne m'arrêtois plus la nuit, notre navigation étant devenue très-facile.

Rapidité &
direction de la
Yudoma.

Quoiqu'on me l'ait assuré, j'ai peine à croire que l'Ourak soit plus rapide que la Yudoma. Nous faisions sur celle-ci dix, douze & souvent quinze verstes par heure. Sa direction la plus constante m'a paru ouest ; à son embouchure elle forme un grand nombre d'îlots.

Le 22.
Entrée dans
la Maya.

J'entrai dans la Maya à deux heures du matin, faisant route assez directement au nord & parfois un peu à l'est. Les bords de cette rivière sont moins escarpés, moins tristes que ceux de la précédente ; par intervalles pourtant on y découvre des montagnes & même des rochers : la différence d'un courant à l'autre nous fut bien plus sensible, nous ne faisions que quatre verstes par heure.

Rencontre
de neuf bateaux.

Vers le milieu du jour, nous rencontrâmes neuf bateaux, chargés de diverses munitions pour l'expédition de M. Billings;

ils remontoient, traînés par des hommes, les rivières que nous defcendions. Je ne pus les aborder; mais je fûs que l'officier qui les conduifoit à Okotsk, étoit M. Behring, fils du navigateur à qui la Ruffie doit des découvertes fi intéreffantes fur la côte nord-oueft de l'Amérique. Il s'attendoit, me dit-on, à mettre environ un mois & demi pour faire le trajet qui venoit de me coûter quatre jours.

Les coufins nous devinrent d'une incommodité infupportable ; nous ne parvînmes à les écarter qu'avec de la fumée de bois pourri; nous avions le foin d'entretenir le feu jour & nuit.

Dans l'après midi, je quittai la rivière Maya pour tomber dans une autre plus large & plus rapide, appelée *Aldann (p)* : mais je ne fis que la traverfer pour gagner une habitation fituée fur l'autre rivage, en face de l'embouchure de la Maya *(q)*.

1788,
Juin.
Le 22.

Le 23.

Embouchure de la Maya dans l'Aldann.

(p) Elle fe jete dans la Léna, à quelque diftance & au nord d'Yakoutsk.

(q) Cet endroit fe nomme *Ouft-maya priftann*, ou havre de l'embouchure de la Maya.

Là, je trouvai des soldats-matelots de l'expédition de M. Billings, qui me proposèrent de profiter de plusieurs chevaux de transport arrivés depuis peu, & qui s'en retournant, pouvoient me conduire jusqu'à *Amgui*. Suivant mon itinéraire, je devois me rendre en bateau à *Belskaia-Péréprava*, où passe la route ordinaire d'Okotsk à Yakoutsk; mais en allant par Amgui, j'abrégeois considérablement. Cette certitude & l'heureux hasard qui me procuroit de bons chevaux, me firent renoncer à mon projet.

Je payai mes conducteurs *(r)*, qui avoient ordre de laisser leur bateau à Belskaia-Péréprava, c'est-à-dire, à cent cinquante verstes plus loin, & qui en conséquence continuèrent de descendre l'Aldann. Ils ne furent pas à une verste, que je regrettai de les avoir congédiés. Les Yakoutes à qui appartenoient ces chevaux, & qui craignoient de les trop

____

(r) Dans mes cinq jours de navigation, j'avois fait près de sept cents verstes.

fatiguer , avoient appris avec chagrin que je penfois à m'en fervir ; n'ofant pas le témoigner ouvertement, ils voulurent fe fauver : on courut fur leurs traces, & à force de promeffes, on les ramena. Pour s'en affurer, il fallut les renfermer tous dans un ifba, d'où on ne les laiffa fortir le lendemain matin, que fous la condition de me mener à Amgui ; en attendant, on avoit eu la précaution de choifir les dix meilleurs chevaux pour mon ufage.

1788,
Juin.
Le 23.

Après une bonne nuit, qui acheva de me remettre de ma légère indifpofition, je montai gaiement à cheval, fuivi de ces Yakoutes que Golikoff avoit harangués & rendus plus dociles. Je fus étonné de leur belle humeur, ils chantèrent tout le long de la route.

Départ
d'Ouft-maya-
priftann.

Leur mufique n'eft nullement agréable ; elle confifte en un tremblement continuel & monotone, qu'ils produifent de la gorge. Ils font au furplus grands improvifateurs. Les paroles ne leur coûtent

Chanfons
Yakoutes.

ni travail ni effort de génie; ils puifent des fujets dans tout ce qu'ils voyent ou penfent : qu'un oifeau s'envole à leur côté, voilà de quoi chanter pendant une heure. Ce n'eft pas que leur imagination accumule les idées; la chanfon fe bornera à répéter jufqu'à extinction, *qu'un oifeau vient de s'envoler.*

Pendant l'efpace de cent verftes, nous marchâmes au travers d'un marais mouvant, où nos chevaux enfonçoient au point que nous étions contraints de defcendre pour les aider à s'en retirer; le refte du chemin fut moins mauvais. Au milieu d'un grand bois, je vis fur le bord d'un lac, deux pêcheurs occupés à faire leurs provifions pour l'hiver; ils n'avoient pour toute demeure qu'un toit d'écorce d'arbres : à la fin de la belle faifon, ils vont chercher auprès de leurs parens une retraite plus fûre & plus chaude.

Nous eûmes de la pluie en abondance, mais fur-tout depuis quatre heures après-midi, jufqu'à huit du foir que je fis halte.

Pour

Pour s'en garantir, mes Yakoutes mirent
sur leurs épaules une peau d'ours en guise
de collet. Avec une queue de cheval enchâssée dans un gros manche de fouet,
ils se préservent des moucherons. Nous
en étions tellement assaillis, que je
ne tardai pas à recourir à leur chasse-
mouche.

Cette journée ne me fournit rien de
remarquable. J'arrivai le soir au bord de
la rivière Amga, à deux cents verstes du
havre de l'embouchure de la Maya. Sa
profondeur ôtoit l'envie de la passer à
gué, cependant les bateaux étoient tous
sur la rive opposée ; inutilement nous
appelions pour qu'on vînt nous prendre.
Un de mes conducteurs, impatienté de
ne voir personne paroître, se débarrassa
de ses vêtemens, & à la nage alla nous
chercher un bateau. Le passage de notre
caravane dura une heure ; nous remontâmes aussitôt à cheval pour gagner l'habitation d'un prince Yakoute, nommé
Girkoff. Chemin faisant, je trouvai plu-

1788.
Juin.
Le 25.

Le 26.

fieurs yourtes, mais toutes à la diftance au moins d'une verfte les unes des autres. A quelques pas de celle du Knéfetsk ou autrement du prince, mon foldat Golikoff alla en avant pour le difpofer à me bien recevoir.

Il me fit en effet beaucoup d'accueil; non-feulement il m'offrit fa yourte, du lait & du beurre excellent, mais encore il me promit que fes meilleurs chevaux *(ſ)* feroient le lendemain à mes ordres. Sachant que j'avois befoin de repos, il m'indiqua la cafe qu'il m'avoit deftinée, & pendant qu'on la préparoit, il eut la complaifance de me montrer en détail fon habîtation, une des plus belles en ce genre.

La grandeur de ces maifons varie fui-

(ſ) Indépendamment de fes divers beftiaux, ce prince avoit un haras de deux mille chevaux en très-bon état; il en avoit perdu un grand nombre dans les tranfports ordonnés pour l'expédition de M. Billings. A la manière dont il me parla de fa foumiffion aux volontés de fa fouveraine, je jugeai que les facrifices ne lui coûtoient rien pour prouver fon zèle.

vant que le propriétaire eft plus ou moins
riche, que fa famille eft plus ou moins
nombreufe. Des poutres pofées debout
les unes à côté des autres, & recouvertes
de terre graffe, en forment les murs, qui
ne s'élèvent point perpendiculairement
comme les nôtres. Plus rapprochés vers
le haut, ils fupportent un toit dont l'inclinaifon eft peu rapide ; dans quelques
yourtes, il eft foutenu par des poteaux.
Une feule porte donne accès dans l'intérieur qui fe partage en deux, ainfi que
je l'ai déjà dit. Le côté le plus propre eft
habité par les humains, qui s'y retirent
fous des compartimens diftribués à égales
diftances auprès des murs; ce font des
cahutes que je ne puis mieux comparer
qu'aux petites loges des vaiffeaux Hollandois; chaque couple ici a la fienne. De
l'autre côté de la yourte demeurent les
bêtes, les vaches, les veaux, c'eft tout
fimplement une étable. Au centre du bâ-
timent eft placée la cheminée, de forme
circulaire & conftruite en bois ; on la

1788,
Juin,
Le 26.

Defcription
d'une yourte
Yakoute.

S ij

1788,
Juin.
Le 26.

met à l'abri des accidens avec un enduit épais de terre glaiseuse : pour allumer le feu, le bois est posé perpendiculairement dans la cheminée. A chaque angle saillant , on applique un long bâton , d'où sort horizontalement un autre auquel on suspend la chaudière, & voilà la crémaillère imaginée. Il est facile de la multiplier, si l'on a plus d'un vase à faire chauffer.

Boisson appelée *koumouiss.*

Dans un coin de la yourte est à demeure un baquet de cuir ; chaque jour on y verse du lait de jument qu'on agite avec un bâton pareil à celui qui sert à battre le beurre. Tous ceux qui entrent, les femmes sur-tout, ne manquent jamais, avant de vaquer à d'autres travaux, de battre ce lait pendant quelques minutes ; de-là provient cette boisson aigrelette & cependant agréable, qu'on nomme *koumouiss*. Veut-on la faire davantage fermenter, elle devient un breuvage des plus capiteux.

Mon hôte parloit le russe passablement *(t)*; j'en profitai pour tirer de lui quelques renſeignemens ſur les uſages, les mœurs & la religion de ſes compatriotes. Je vais les joindre aux notes qui m'avoient déjà été fournies ſur ces matières.

Au commencement de l'été, ils quittent leurs habitations d'hiver, & s'en vont avec leurs familles & un petit nombre de chevaux, faire la récolte de fourrages pour la ſaiſon des frimats. C'eſt toujours à une diſtance conſidérable de leur yourte, dans les cantons les plus fertiles, qu'ils courent chercher ces proviſions. Durant cet éloignement de leur demeure, ils y laiſſent leurs chevaux à la garde de leurs valets, & les pâturages des environs ſuffiſent à la nourriture de tous leurs troupeaux.

J'ai bien regretté de n'avoir pas été témoin de leur fête du mois de mai, en réjouiſſance du retour du printemps. Ils

---

(u) J'ai rencontré beaucoup de ces chefs, à qui cette langue étoit auſſi familière que la leur.

1788,
Juin.
Le 26.

se raſſemblent alors en raſe campagne ; y portent force koumouiſſ fermenté, rô-tiſſent bœufs & chevaux, mangent & boivent juſqu'à ſatiété, chantent, dan-ſent & finiſſent par des ſortiléges. Leurs chamans préſident à ces fêtes, & y dé-bitent leurs extravagantes prédictions.

Ces ſorciers ſont ici plus libres & plus révérés qu'au Kamtſchatka. Interprètes des dieux, ils accordent leur médiation au ſtupide Yakoute qui l'implore en trem-blant, mais ſur-tout qui la paye. J'ai vu de ces dupes donner leur cheval le plus beau pour conduire un chaman dans ſon village. Rien de ſi affreux que les ſéances magiques de ces impoſteurs : je ne les connoiſſois encore que par tradition, & voulus y aſſiſter. Je fus frappé de la fidélité du récit qu'on m'en avoit fait : comme je l'ai rapporté avec une égale exactitude, je ne puis qu'y renvoyer le lecteur *(u)*. Je me contenterai de lui

____

(t) Voyez *première Partie, page 181.*

faire le portrait du chaman qui repréfenta
devant moi.

Vêtu d'un habit garni de fonnettes &
de lames de fer, dont le bruit étourdiffoit,
il battoit en outre fur fon *bouben* ou
tambour, d'une force à infpirer de la
terreur ; puis courant comme un fou, la
bouche ouverte, il remuoit la tête en tout
fens. Ses cheveux épars lui couvroient le
vifage ; de deffous fa longue crinière
noire *(x)* fortoient de véritables rugiffe-
mens, auxquels fuccédèrent des pleurs &
de grands éclats de rire, préludes ordinaires des révélations.

Dans l'idolâtrie des Yakoutes, on re-
trouve toutes les rêveries, toutes les pratiques fuperftitieufes des anciens Kamtfchadales, des Koriaques, Tchouktchis &
autres peuples de ces contrées. Ils ont
cependant des principes plus étendus, &

1788.
Juin.
Le 26.

(x) Au milieu des Yakoutes, qui portent tous
les cheveux courts, il eft aifé de reconnoître les
chamans qui les laiffent croître, & les nouent ha-
bituellement derrière la tête.

au travers des fictions abfurdes dont ils
fe repaiffent, on démêle des idées affez
ingénieufes fur l'Être fuprême, fur les
miracles, fur les peines & les récompenfes
futures.

Je fus principalement étonné de la
vivacité & de la bizarrerie de leur efprit;
ils fe plaifent à raconter des fables puifées
dans leur ridicule mythologie, & qu'ils
vous débitent avec toute l'affurance de la
crédulité. A les comparer avec les nôtres,
on eft tenté de ne plus tant admirer nos
auteurs anciens & modernes, lorfqu'on
voit ce genre cultivé par de femblables
rivaux. Voici deux de ces fables que
Golikoff me traduifit phrafe pour phrafe.

Dans un grand lac, il s'éleva un jour une rixe
violente entre les différentes efpèces de poiffons.
Il étoit queftion d'établir un tribunal de juges
fuprêmes, qui devoient gouverner toute la gent
poiffonnière. Les harengs, les menus poiffons pré-
tendoient avoir autant de droit que les faumons
d'y être admis. De propos en propos les têtes
s'échauffèrent; on en vint jufqu'à fe réunir en
force contre ces gros poiffons qui piquoient &

incommodoient les plus foibles. De-là des guerres intestines & sanglantes, qui finirent par la destruction d'un des deux partis. Les vaincus échappés à la mort, s'enfuirent dans de petits canaux, & laissèrent les gros poissons qui eurent l'avantage, seuls maîtres du lac. Voilà la loi du plus fort.

L'autre fable ressemble plus à nos contes de bonne femme, la terreur des enfans & l'amusement des veillées dans nos villages. Je ne serois pas éloigné de croire que ce fût l'ouvrage de quelque chaman.

Un Yakoute avoit manqué de respect ou fait tort à son chaman. Le diable, pour venger celui-ci, se transforma en vache, & s'étant mêlé dans le troupeau du coupable, tandis qu'il paissoit le long d'un bois, fut en dérober les plus belles génisses. Le soir, quand le berger revint, son maître irrité le chassa impitoyablement, l'accusant d'être cause de la perte, par son défaut de soin. Aussitôt le diable se présente en habit de berger; on l'agrée, & le lendemain il mène les vaches aux champs. Un, deux jours se passent, le Yakoute ne voit point reparoître son troupeau. Dans son inquiétude, il part avec sa femme, cherche de tous côtés, le découvre enfin, mais dans quel désordre ! A son approche, les vaches se mettent à courir & à

1788,
Juin.
Le 26.

danſer au ſon de la flûte du perfide berger *(y)*.
Le maître tempête, crie. « Halte-là, lui dit le
» diable, il te ſied bien de me reprocher de
» t'avoir volé, toi qui abuſas de la confiance du
» plus reſpectable des chamans : que ceci te ſerve
» de leçon ; apprends à rendre à chacun ce qui
» lui appartient. » A ces mots, le troupeau & le
berger diſparurent, & le pauvre Yakoute perdit
tout ſon bien.

Depuis lors, le lieu de cette ſcène paſſa
pour le ſéjour des eſprits infernaux. Les
incrédules eurent beau dire que, ſelon
toute apparence, le diable raviſſeur n'étoit
autre que le chaman lui-même; la ſimpli-
cité des bons Yakoutes ſe révolta contre
ce ſoupçon, qu'ils traitent d'horrible
blaſphême.

On m'avoit montré pluſieurs fois dans
les bois, des reſtes d'anciens tombeaux
Yakoutes; c'étoient des cercueils groſſière-
ment faits & ſuſpendus ſur des branches

(y) Cet inſtrument que je déſigne ici ſous le
nom de flûte, eſt un os percé & travaillé à peu-
près comme nos flûtes à l'oignon; les ſons que les
Yakoutes en tirent ne ſont pas moins aigres.

d'arbre. Je ne fais pourquoi ils ont renoncé à l'ufage d'expofer ainfi leurs morts en plein air & loin de leurs habitations; à préfent ils les enterrent à l'inftar des chrétiens.

Ces funérailles fe font avec une forte de pompe plus ou moins magnifique, fuivant le rang & la richeffe du défunt. Si c'eft un prince, on le revêt de fes plus riches habits & de fes plus belles armes. Le cadavre mis dans le cercueil eft porté par la famille jufqu'au pied de la tombe; de longs gémiffemens annoncent le lugubre cortége. Le cheval favori du prince & le meilleur du haras, tous deux richement harnachés & conduits par un valet ou quelque proche parent, marchent à côté du convoi. Arrivés au lieu de la fépulture, ils font attachés à deux poteaux *(z)* plantés auprès de la foffe. Pendant qu'on inhume leur maître, on les égorge fur fon corps,

---

(z) Ces pieux dépouillés de leur écorce, font ou peints de diverfes couleurs, ou ornés de fculptures baroques.

1788,
Juin.
Le 26.

& cette libation fanglante eft l'hommage
rendu à fon attachement pour ces animaux,
qui font cenfés le fuivre dans l'autre
monde, où l'on efpère qu'il pourra en
jouir encore. Cependant on les écorche,
la peau & la tête qui y refte unie, font
fichés horizontalement fur des branches
d'arbres à peu de diftance du tombeau,
& voilà le maufolée ; enfuite un bûcher
s'allume, & la dernière preuve d'amitié
pour le défunt, confifte à faire rôtir & à
manger fur la place fes deux chevaux
chéris. Ce régal achevé, chacun fe retire.
Le même cérémonial s'obferve pour une
femme : au lieu d'un cheval, on immole
la vache qu'elle préfère.

Les Yakoutes font robuftes & généra-
lement grands ; l'enfemble de leurs traits
a quelque analogie avec la figure des
Tartares ; on dit même que les deux
idiomes fe rapportent beaucoup. Tout ce
que je puis affirmer, c'eft que les Yakoutes ont la parole extrêmement brève,
& qu'ils ne lient point leurs mots.

Leur habillement eft fimple & à peu-
près le même pour l'été & pour l'hiver;
la feule différence, c'eft que dans cette
dernière faifon, il eft en pelleteries. Par-
deffus la chemife, ils portent pour l'ordinaire une grande vefte croifée & à
manches; leur culotte ne va qu'à moitié
des cuiffes, mais de longues bottes appelées *farri* leur remontent au-delà du
genou. Dans les chaleurs, ils ne gardent
de tout cela que leur culotte.

Ils ont la prétention de monter à cheval
mieux qu'aucune autre nation du monde.
Leur vanité à cet égard eft telle qu'ils
évitent par dédain de donner à tous voyageurs des chevaux *(a)* trop fringans.

La polygamie chez ce peuple, entre
dans les principes politiques. Obligés de
faire de fréquens voyages, ils ont des
femmes dans tous les endroits où ils s'arrêtent, & jamais ils ne les raffemblent;

1788,
Juin.
Le 26.

(a) En parlant de leurs felles, j'aurois dû
ajouter que les étriers en font très-courts.

1788,
Juin.

malgré cela, ils font jaloux à l'excès &
les ennemis jurés de quiconque ofe violer
les droits de l'hofpitalité.

Le 27.
Départ
d'Amgui.

Grâce aux foins de mon prince Girkoff,
je trouvai à mon réveil neuf excellens
chevaux tout fellés *(b)*. Il voulut que je
montaffe fon cheval de prédilection, qui
alloit parfaitement l'amble; comblé de
fes honnêtetés, je le quittai de bonne
heure, avec l'efpoir confolant de rencontrer plus fréquemment des habitations où je pourrois prendre des relais
& parfois du repos.

Image d'une
prétendue di-
vinité malfai-
fante,

A quelques pas de celle - ci, qu'on
nomme *Amguinskoi - flanovié* , ou hâlte
d'Amgui, je vis fur le chemin des fi-
mulacres en bois d'un oifeau de la
groffeur d'un canard ou d'un cormoran;
c'eft la figure emblématique d'une divinité malfaifante, l'épouvante du canton.
On fait à fon fujet les contes les plus fous;

(b) Trois chevaux fe payent ici fur le même
pied qu'un feul en Sibérie.

on prétend, par exemple, que cet efprit diabolique a fouvent égaré des voyageurs & dévoré leurs chevaux.

Je mis pied à terre le foir chez un autre prince Yakoute *(c)*, établi depuis peu dans fon habitation d'été, qui me parut auffi propre qu'agréable : voici la defcription de ces *ouraffis;* c'eft le nom de ces demeures pittorefques.

Comme les yourtes des Koriaques nomades, elles font rondes, fpacieufes & conftruites avec des perches en moindre quantité, mais pofées de la même manière, & foutenues tout autour par de légères traverfes cintrées ; le tout eft couvert d'écorce de bouleau *(d)*, appliquée du haut en bas par bandes larges de dix-huit pouces. Les bordures de ces bandes font faites de petites lifières de

1788,
Juin.
Le 27.

Habitations d'été des Yakoutes.

(c) Il faudroit me répéter fans ceffe, fi je voulois rendre compte de tous les bons traitemens que je reçus de chacun de ces princes Yakoutes.

(d) C'eft dans le printemps qu'on dépouille cet arbre de fon écorce.

cette écorce découpée en festons ; on tapisse l'intérieur dans le même goût. Le caprice du propriétaire en ordonne les dessins, où il règne communément une bigarrure qui n'est point désagréable. Ces ornemens enjolivent encore les cases & les lits des chefs de famille. Les domestiques couchent par terre sur des peaux ou sur des nattes ; le feu s'allume au milieu de la maison.

Je parvins à la rivière Sola que je côtoyai pendant long-temps. La chaleur ne m'incommodoit pas moins que les moucherons, & j'étois si altéré, qu'à chaque yourte je m'arrêtois pour demander du koumouiss.

Dans la matinée, après avoir fait deux cents verstes depuis Amgui, j'atteignis l'endroit appelé *Yarmangui*, au bord de la Léna. En traversant cette rivière, j'étois à Yakoutsk ; mais une ordonnance du commandant enjoignoit à tout voyageur d'attendre en ce lieu la permission de passer dans la ville. Quelque déplaisante

que

que fût pour moi cette espèce de quaran-
taine, je m'y résignois, lorsqu'un bas-
officier m'invita à me rendre à deux cents
pas plus loin, où je trouverois M. le
capitan ispravnick & un lieutenant de
M. Billings; ils venoient d'être informés
de mon arrivée, & me reçurent avec les
plus grandes démonstrations d'estime &
de joie. A peine leur eus-je fait entendre
à quel point le retard dont j'étois menacé,
me contrarioit, qu'ils s'empressèrent
de donner des ordres pour qu'on me
conduisît à l'autre bord, m'ajoutant qu'ils
étoient sûrs de l'approbation de M. le
commandant, à qui j'avois été annoncé
& recommandé depuis long-temps.

1788,
Juin.
Le 29.

A midi, j'entrai dans le bateau qu'on
m'avoit préparé, & fus quatre heures à
traverser la Léna dans la diagonale. Autant
qu'il est possible à l'œil de juger d'une
telle étendue, cette rivière doit avoir au
moins deux lieues de large.

Passage &
largeur de la
Léna devant
Yakoutsk.

Descendu à terre, je fus interrogé par
un officier de police & mené par lui,

Séjour à
Yakoutsk.

Partie II.ᵉ　　　　　　　　　T

1788,
Juin.
A Yakousk.

suivant l'usage, au logement qu'il jugea à propos de m'assigner. Aussitôt je me fis indiquer la demeure du commandant, M. Marklofski, à qui je courus faire visite : il m'accueillit avec toute la politesse imaginable, ne me parla que françois, langue qui paroissoit lui être très-familière. Après m'avoir complimenté sur la rapidité de ma marche *(e)* & sur mon heureuse arrivée, il m'engagea à rester quelques jours à Yakoutsk, pour me remettre de mes fatigues.

Rencontre de M. Billings.

Mais de toutes ses offres obligeantes, rien ne me flatta plus que celle de me faire souper le même soir avec M. Billings. Je désirois ardemment de le connoître, & j'attendis avec impatience le moment de l'entrevue. Notre commune profession de voyageur fut d'abord entre nous un signe de rapprochement ; on eût dit que

---

(e) J'étois le premier voyageur parti cette année d'Okotsk, qu'on eût encore vu à Yakoutsk. La distance entre ces deux villes est d'environ quinze cents verstes.

notre liaifon étoit ancienne, cependant nous nous tînmes l'un & l'autre fur la plus grande réferve, écartant de la converfation tout ce qui pouvoit avoir quelque rapport à l'objet de nos miffions refpec‑ tives. J'admirai en cela la délicateffe & la prudence de M. Billings : pendant mon féjour, je dînai une fois chez lui ; matin & foir nous nous réuniffions chez M. Marklofski *(f)*, & jamais dans nos en‑ tretiens il ne lui échappa une queftion indifcrète.

Il regrettoit béaucoup de n'avoir pas dans fa courfe rencontré les frégates de notre expédition ; il eût mis fon bonheur & fa gloire à remplir les intentions généreufes de fa fouveraine, en four‑ niffant à M. le comte de la Pérouze tous les fecours qui euffent été en fon pouvoir ; c'étoit une dette dont il vou‑ loit & ne pouvoit, difoit-il, s'acquitter qu'envers moi. Effectivement, il n'eft

1788,
Juillet.

A Yakoutsk.

____

(f) Ce commandant devoit refter en place juf‑ qu'à l'arrivée de M. Kafloff.

forte de bons offices qu'il n'ait cherché à me rendre.

Le cheval m'ayant extrêmement fatigué, on me conseilla de remonter la Léna jusqu'à Irkoutsk; ce parti me convenoit d'autant plus, qu'il me promettoit du repos, & que le retard qu'il devoit m'occasionner, ne pouvoit être que de quatre ou cinq jours. Dès que je fus décidé, M. Billings m'aida de ses avis & de ses soins pour le choix & l'acquisition d'un bateau; de ma tente il me fit faire deux voiles, me céda un de ses soldats affidés pour pilote, & me procura enfin tout ce qu'il crut pouvoir m'être utile dans mon trajet.

Les cinq jours que je passai à Yakoutsk, furent consacrés aux préparatifs de mon départ : je n'en eus pas moins le temps de remarquer que cette ville étoit la plus agréable & la plus peuplée que j'eusse encore vue, dans l'immense étendue de pays que je venois de parcourir.

Elle est bâtie sur la côte occidentale

de la Léna ; les maifons font en bois, mais grandes & commodes; celle du commandant eft en face du port. La plupart des églifes font en pierre. Un bras de la rivière *(g)* qui s'avance en décrivant un coude jufqu'au pied des murs de la ville, forme ce qu'on appelle le *port,* dont le fond fe trouve à fec lorfque les eaux font baffes. Les bâtimens que le commerce y amène, ne font autres que des barques; la majeure partie fert au tranfport des denrées envoyées par le gouvernement, comme fels & farines. Les négocians , pour la traite de leurs marchandifes, louent ou achettent de ces bateaux qu'on tire des environs de la fource de la Léna où on les conftruit.

Les Yakoutes ne viennent dans la ville que pour leurs affaires ; en général elle n'eft guère peuplée que de Ruffes. Dans les manières, dans les coftumes, on

1788 ,
Juillet.
A Yakoutsk.

Habitans.

(g) Cette rivière traverfe la Sibérie dans prefque toute fa largeur , du nord-eft au fud-oueft , pour fe jeter enfuite dans la mer glaciale.

T iij

1788,
Juillet.
Le 5.

aperçoit les effets de la civilifation ; le ton de la fociété, la gaîté qui y règne, tout concourt avec les intérêts du commerce, à entretenir parmi les habitans cette communication active, la fource des richeffes & des agrémens de la vie *(h)*.

Départ d'Ya-
koutsk & na-
vigation fur la
Léna.

Après avoir renouvelé mes provifions, je partis d'Yakoutsk à une heure du matin. Déjà le crépufcule annonçoit le lever de l'aurore (on fait qu'en été dans les hautes latitudes, pendant plus d'une femaine, l'intervalle entre la nuit & le jour, eft à peine fenfible), de forte qu'on diftinguoit parfaitement les bancs de fable qui bordent le rivage jufqu'à la première pofte. Ne pouvant pas toujours les éviter, mes conducteurs, ou autrement, les hommes qui tiroient mon embarcation, nous prioient à chaque inftant de nous mettre à l'eau comme eux, pour les aider à la faire paffer fur ces bas-fonds. Souvent auffi, malgré l'énorme largeur de la

(k) Je ne parle point de l'adminiftration, elle eft organifée fur le même plan que celle d'Okotsk.

rivière, nous nous déterminions à gagner, à la rame, l'autre côté, dans l'efpoir d'y obtenir un paffage plus facile; mais alors la violence du courant nous repouffoit en arrière à la diftance d'une demi - verfte plus ou moins. De gros glaçons fe montroient encore fur les bords; on m'affura qu'il en réftoit ainfi toute l'année.

Je ne rendrai pas compte de ma navigation jour par jour. Les obfervations qu'elle m'a fournies font trop peu intéreffantes pour ne pas épargner au lecteur la fatigante uniformité des détails quotidiens.

Les poftes fe comptent par ftations; celles-ci font de trente, quarante, cinquante, foixante, foixante-dix & même de quatre-vingts verftes *(i)*. Qu'on juge d'après cela de la peine des malheureux qui font condamnés à faire le fervice de la pofte, c'eft-à-dire, à traîner les bateaux

1788,
Juillet.
Du 5 au 14.

Poftes ou ftations ; quels gens font ce fervice.

____

(i) Les frais de pofte n'en font pas pour cela plus confidérables; un homme fe paye comme un cheval.

d'une station à l'autre. Dans l'espace de près de douze cents verstes, cette terrible corvée fait la punition des exilés & des malfaiteurs. Ils partagent ce travail avec des chevaux ; mais lorsque le bateau s'engrave ou que le tirage devient embarrassé, l'homme succède à la bête, & ce sont les pas les plus difficiles qu'il lui faut franchir. Le seul soulagement que cet affreux métier vaille à ces forçats, se réduit à quelques mesures de farine que le gouvernement leur accorde. Les princes Yakoutes des environs sont tenus aussi de pourvoir à leur entretien, & en cas de besoin, de leur prêter des hommes & des chevaux.

Plusieurs de ces misérables sont mariés ; ils se retirent avec leurs familles dans des isbas à moitié ruinés, & épars çà & là le long de la rive droite. La pluie me contraignit un jour de chercher un refuge dans une de ces habitations ; je choisis la plus apparente : en y entrant, je pensai être renversé par l'odeur infecte qu'on y respiroit, & je ne fais point d'expressions pour peindre le tableau hideux de la misère qui frappa mes regards. Loin d'avoir trouvé un abri dans cette maison, au bout d'un quart-d'heure je me vis inondé ; l'eau tomboit par torrens de tous les coins du toit, & je préférai de remonter dans mon bateau.

1788, *Juillet.* Du 5 au 14. Navigation sur la Léna.

La pêche & la chasse remplissent les momens de loisir de ces bannis, qui ont conservé toute la perversité de leurs inclinations ; ils ne sont gouvernés que par l'intérêt ou la crainte. A l'approche d'un bateau, toujours ils essayent de se soustraire par la fuite au service pénible auquel l'autorité les a assujettis. Plus d'une fois ils m'ont joué ce tour ; j'arrivois à une station ; des cinq ou six hommes qui doivent constamment se tenir prêts aux ordres des voyageurs, il n'y en avoit pas un ; tous s'étoient sauvés dans les bois, & mes conducteurs de la station précédente *(k)*,

____

(k) Ils avoient soin, en partant de leur station, d'attacher à mon bateau une petite pirogue, dans laquelle ils s'en retournoient chez eux, en se laissant aller au courant de la rivière.

étoient obligés de faire encore celle-ci.
Je dédommageois ces malheureux d'autant
plus volontiers, qu'en les congédiant je
leur voyois quelquefois les pieds tout en
fang.

.. Ils m'attrapèrent un jour plus fingulièrement, c'étoit le matin : un bateau de
pofte defcendant la rivière, paffa près du
nôtre ; Golikoff veilloit à fon tour ; mes
rufés coquins lui demandèrent la permiffion de changer avec leurs camarades ;
ils furent fi bien lui perfuader que c'étoit
pour notre avantage, qu'il y confentit.
Empreffé de me conter notre bonheur,
il m'éveilla, mais ce fut pour me montrer
nos fripons fe fauvant à grands pas, au
lieu de joindre le bateau qui filoit derrière
nous. A cette vue, l'on conçoit la confufion de Golikoff ; il ne favoit comment
s'excufer à mes yeux ; car il fallut nous réfoudre à traîner nous-mêmes notre bateau
jufqu'à la ftation fuivante ; heureufement
nous n'en étions pas très-éloignés. Les
gens qui avoient amené le bateau de pofte

y étoient encore ; mes deux ſoldats les eurent bien vîte décidés à nous conduire. Je crois même que je dus leur bonne volonté aux ſommations brutales de Go-likoff ; notre aventure l'avoit mis de ſi mauvaiſe humeur, qu'il n'y eut plus moyen de l'engager à uſer de modération. « Vous ne ſavez pas, me diſoit-il, » comme on mène cette canaille ; on n'en » vient à bout qu'avec le bâton : je n'au-» rois qu'à vous imiter, à chaque poſte » nous nous verrions inſultés, ou dans le » même embarras que nous venons d'é-» prouver. »

Nous arrivâmes cependant à Olekma ſans autre déſagrément *(1)*. Cette ville, la première depuis Yakoutsk, en eſt à ſept ou huit cents verſtes, bien que les poſtes n'en comptent que ſix cents. Située à l'embouchure de la rivière qui porte ſon nom, elle eſt petite, aſſez mal bâtie, & n'offre rien de remarquable. Je n'y reſtai que deux heures.

____

(1) On la nomme auſſi *Olekminsk.*

1788,
Juillet.
Du 5 au 14.
Navigation
ſur la Léna.

Du 14 au 29.
Ville
d'Olekma.

A quelques verſtes de - là une petite pirogue s'approcha de mon bateau; un feul homme la dirigeoit, il m'offrit de l'écorce de bouleau qu'il venoit d'arracher dans les bois voiſins; mes foldats fur le champ me prefsèrent d'en acheter pour couvrir notre embarcation. Mon marchand étoit Toungouffe, il faifoit partie d'une famille établie fur la rive gauche *(m)*. Je n'avois garde de manquer une ſi belle occaſion de connoître plus particulièrement ce peuple; je fis donc amarrer mon bateau fur la rive droite, & paſſai avec le feul Golikoff dans le canot du Toungouffe, auſſi flatté que moi de la viſite que j'allois faire à ſes parens.

Je fus d'abord frappé de la forme & de la légèreté de leurs pirogues; extrêmement arrondies, elles préfentent peu de furface, ce qui les rend fujettes à chavirer.

(m) Il m'apprit que les bords de la Léna de ce côté, étoient habités par différentes hordes de ſes compatriotes. J'obferverai que les Toungouſſes & les Lamoutes peuvent être regardés comme la même nation.

Le corps est en lattes disposées en treillage, les bordages sont d'écorce de bouleau, cousus & brayés, & les deux bouts
se rétrécissent & finissent en pointes; on
tient la rame par le milieu pour se servir
alternativement des deux pelles qui la
terminent.

La joie de ces Toungousses, en me
voyant, fut des plus démonstratives : entouré, fêté, caressé, je ne sus comment
répondre à tous leurs témoignages d'a-
mitié. Un jeune renne fut tué & apporté
à mes pieds; en me faisant ce présent,
ces bonnes gens regrettoient que leur
pauvreté les privât des moyens & du
plaisir de m'être plus utiles. Je n'étois
guère en fonds moi-même pour faire des
largesses, & ma reconnoissance se borna
à leur laisser quelques-unes de mes hardes.

Errans comme les Koriaques nomades,
ils ont à peu-près la même manière de
vivre. Leurs yourtes sont moins vastes &
couvertes d'écorce de bouleau; c'est-là
leur unique différence. Chaque famille a

1788,
Juillet.
Du 14 au 29.
Navigation
sur la Léna.

Accueil que
me fait une
horde Toun-
gousse.

Habitations,
physionomies,
religion, ri-
chesses & usa-
ges des Toun-
gousses.

la fienne ; la principale décoration de l'intérieur eft une petite idole en bois, ayant une tête monftrueufe & figure humaine ; ils la vêtiffent de leurs habits, auxquels ils ajoutent pour ornemens, grand nombre d'anneaux, de fonnettes & d'autres morceaux de métal. Voilà leur faint Nicolas, nom qu'ils lui donnent par allufion au patron favori des Ruffes.

A mon paffage à Yamsk, j'ai décrit l'habillement de ces Toungouffes ; il me refte à parler de leurs traits, de leurs mœurs & de leur façon de voyager.

Moins grands que les Yakoutes, ils ont les yeux tirés, le nez aplati & la face large des Kamtfchadales. Ils ne font pas moins hofpitaliers ; le fond de leur caractère paroît être la douceur & la franchife. En matière de religion, ils ont la ftupide crédulité des Koriaques, admettant pour dogmes toutes les abfurdités de l'idolâtrie. Les chamans obtiennent également leur confiance & leurs hommages ; partout ces fourbes dominent par la terreur.

'Après la chaffe & la pêche *(n)* qui, dans la faifon, obligent ces familles à un peu plus de ftabilité, rien ne les occupe auffi effentiellement que leurs rennes; ces animaux font toute leur richeffe, & payent avec ufure les foins qu'ils reçoivent. Non-feulement ils fourniffent à la fubfiftance & au vêtement de ce peuple *(o)*, mais encore dociles fous la main qui les guide, ils fe laiffent monter par leurs maîtres, hommes & femmes, & les tranfportent d'un pas rapide dans tous les endroits où leur fantaifie les appelle *(p)*. Au lieu d'atteler les rennes à un traîneau, comme les Tchouktchis & les Koriaques, on les

1788 ,
Juillet.
Du 14 au 29.
Navigation
fur la Léna.

(n) La pêche la plus abondante dans cette ri-vière, eft celle de l'efturgeon ou *fterled*. Des œufs de ce poiffon, l'induftrie Toungouffe fait, comme nous, du caviar.

(o) Par un principe oppofé à celui des Koriaques, ces Toungouffes ne manquent jamais de traire les femelles de leurs rennes; ce lait qu'ils m'ont fait goûter eft fort épais.

(p) Leurs voyages s'étendent jufqu'aux frontières de la Tartarie & de la Chine.

dresse à courir sous l'homme, & à obéir aux mouvemens d'une bride enlacée dans leur bois. La selle est enjolivée & de la grandeur des nôtres, mais sans étriers; une sangle très-foible la retient, & le cavalier qui chancèle, n'a pour appui qu'un long bâton avec lequel il frappe sa monture ; on sent que cet exercice demande beaucoup d'habitude. Le bagage est enfermé dans des petits paniers couverts de peaux de rennes, & attachés à la selle ; ils pendent de chaque côté sur le flanc de l'animal. Pendant le séjour, ces fardeaux sont rangés méthodiquement autour des yourtes.

Ma navigation devint enfin moins désagréable, dès que j'eus gagné Pélodoui, gros village dont les habitans sont Russes, descendans des premiers cultivateurs de la Sibérie, appelés *Starogili.* Là je fus délivré de ces dangereux exilés; je n'eus plus pour conducteurs que de bons paysans, qui me montrèrent autant de zèle que de complaisance. Les habitations

n'étoient

n'étoient pas ſi loin les unes des autres, & promettoient du moins quelques reſ-ſources. Dans chacun de ces villages il y a ſix hommes chargés du ſervice de la poſte : nul privilége ne les dédommage de leurs peines ; comme tous les payſans Ruſſes, ils ſont ſoumis à la glèbe, payent les mêmes droits à la couronne, & lui doivent des recrues. Le produit de leurs récoltes ne ſuffiſant pas pour les nourrir toute l'année, ils ſont forcés d'acheter du grain & d'en faire des amas. Jamais le ſeigle ne s'y eſt vendu ſi cher que celle-ci ; le *poud* ou le poids de trente-trois à trente-quatre livres de France, valoit ſoixante-dix à quatre-vingts kopecs.

Vitim eſt le village voiſin du précédent ; comme il reſſemble à tous ceux de Ruſſie, je crois pouvoir me diſpenſer d'en faire la deſcription ; les égliſes y ſont moins communes que les *cabacs* ou cabarets.

Les oiſeaux ſe plaiſent infiniment dans les environs & ſur les bords de la Léna. Des nuées de moucherons qui la couvrent,

Partie IIe   U

1788,
Juillet,
Du 14 au 29.
Navigation
sur la Léna.

donnent la raison de leur affluence; pour chasser ces insectes, nous avions le soin de faire des provisions de fiente de cheval qui brûloit sans cesse dans notre bateau; mais une autre incommodité inévitable sur cette rivière, c'est la vermine qu'elle engendre; plus on se baigne, & plus elle multiplie.

Ville de
Kirinsk.

A quatre cents verstes de Péledoui, je passai devant Kirinsk ou Kiringui, petite ville, au pied de laquelle coule la Léna, & plus loin la Kiringa. Au milieu de ces maisons, dont aucune n'a d'apparence, on distingue l'église qui est en pierres.

Le 29.

Le rivage s'élargissant & devenant plus sablonneux, nous étions souvent traînés par des chevaux *(q)*. Les cordes se cassoient, mais je ne m'en inquiétois plus; le plaisir d'avancer m'inspiroit une aveugle

---

(q) **A** mesure qu'on approche d'Irkoutsk, la rivière se rétrécit. Je remarquai que les campagnes étoient mieux cultivées, le blé sur-tout y étoit superbe.

sécurité, dont je ne tardai pas à être puni. Dans la nuit du 29, mon bateau toucha sur un rocher que l'ombre nous avoit masqué. La corde se rompit de la violence du choc, & notre embarcation en une minute fut remplie d'eau ; nous n'eûmes que le temps d'en sortir pour l'amener sur la rive, où nous ne parvînmes qu'en réunissant nos efforts. Aussitôt je montai sur un des chevaux & mis ma caisse devant moi. Nous n'étions qu'à quatre verstes d'un village ; il me fut facile d'avoir promptement du secours. On vint chercher mon bateau qu'on raccommoda dans la journée, & le lendemain matin je repris ma route.

En quittant le village d'Ustiug, je reconnus une saline considérable qu'on m'avoit annoncée, & au-delà trois *zavodes* ou fonderies de cuivre.

Mon bateau s'étoit brisé une seconde fois, & je l'avois encore fait réparer à la hâte ; mais ce jour-là mon gouvernail qui racloit continuellement sur le fond,

1788,
Juillet.
Le 29.
Navigation
sur la Léna.

Août.
Le 1.er

Le 4.
J'abandonne
mon bateau.

U ij

1788,
Août.
Le 4.

ayant été emporté, ainfi qu'une efpèce de quille qu'on avoit adaptée en deffous du bateau, je n'héfitai plus à l'abandonner. Ce fut le profit de mon fidèle Golikoff.

Le 5.
Je prends des chevaux, puis un kibitk.

Je pris des chevaux à Toutoura, à trois cent foixante-dix verftes d'Irkoutsk, & après avoir traverfé la bourgade de Verkhalensk, j'atteignis, à deux heures après-midi, celle de Katfchouga, où ordinairement les voyageurs débarquent pour éviter le coude de la Léna, qui d'ailleurs ceffe bientôt d'être navigable. Ils trouvent en ce village des *kibitks (r)*, ou voitures Ruffes fur quatre roues, qui font menées par des exilés, & de temps à autre par des Bratskis.

Notes fur les Bratskis.

Entre Katfchouga & Irkoutsk eft un *ftep* ou canton inculte, dont les feuls habitans font ces Bratskis, peuplade de pafteurs, qu'on croiroit fortis des Tar-

---

(r) Ces kibitks ont la forme d'un long berceau d'enfant, & ne font nullement fufpendus ; bien qu'on puiffe s'y tenir couché, on n'en fent pas moins tous les cahots.

tarés, tant ils ont de reſſemblance avec
eux. Leur figure a quelque choſe de farouche & de ſauvage; ils ſont extrêmement voleurs; ſous mes yeux on en arrêta
un qui venoit de dérober des beſtiaux.
Leurs troupeaux ſont nombreux & com-
poſés de bœufs, vaches, chevaux, & principalement de moutons. La rapidité de
ma courſe m'empêcha d'entrer dans leurs
habitations, & de prendre ſur leurs
mœurs des notes plus étendues.

Nous franchîmes pluſieurs montagnes
par des chemins horribles, & qui firent
jeter les hauts cris à mon pauvre Golikoff,
briſé par le cahotage continuel de notre
infernale voiture dont il eſſayoit pour la
première fois. Enfin, après avoir laiſſé
ſur notre droite le monaſtère de Voznéſ-
fenskoï, d'où l'on commence à découvrir
Irkoutsk, nous arrivâmes au petit bras
de rivière qui ſerpente ſous les murs de
cette ville, & qu'on traverſe ſans deſcendre de voiture. Là, je fus arrêté par
une ſentinelle qui vouloit, ſuivant ſa

U iij

consigne, aller avertir M. le commandant ; mais s'étant contenté de mon nom & de ma qualité, que je lui donnai par écrit, ce soldat me permit de le précéder. Il étoit environ onze heures du soir lorsque j'entrai dans cette capitale, ayant fait depuis Yakoutsk deux mille cinq cent quatre-vingt-quatorze verstes.

Je mis pied à terre à la police, pour y demander un logement. Le *kvarter-mester* ou maître de quartier me mena dans une maison, dont le chef, loin d'obéir à l'ordre qui lui enjoignoit de me recevoir, ne daigna pas même se lever pour nous déclarer son refus. Je vis l'heure où l'officier de police irrité d'une résistance si incivile, alloit venger son autorité compromise ; cependant je réussis à le calmer, & le pressai de me choisir un autre gîte. Dans l'intervalle, le *gorodnitsch* ou commandant de la place, M. le major Dolgopoloff, avoit été instruit de mon arrivée & de la petite mortification que je venois d'essuyer ; il fe rendit fur le champ dans l'endroit où j'étois à peine inftallé, me fit excufes fur excufes de ce qu'on m'avoit indécemment promené pour me loger auffi mal, & malgré tout ce que je pus lui dire en faveur de ma demeure, il me força de la quitter & de le fuivre. Je ne perdis pas au change : rien de plus propre & de plus élégant que l'appartement où il me conduifit; c'étoit une enfilade de plufieurs pièces, toutes parfaitement meublées & décorées de peintures à frefque; mais ce qui me toucha davantage, ce fut le zèle attentif avec lequel on m'y fervit & me prévint fur tout.

Le lendemain, M. Dolgopoloff vint me prendre pour me préfenter au gouverneur, M. le général major Arfénieff; je lui remis les dépêches de M. Kafloff, en l'abfence du gouverneur général M. Jacobi, alors à Péterfbourg. Je fus fingulièrement flatté de la manière dont me reçut M.ᵉ Arfénieff; après m'avoir comblé de politeffes, il exigea que je

U iv

1788,
Août.
Le 6.
A Irkoutsk.

Le 7.
Vifite au
Gouverneur

n'eusse point d'autre table que la sienne, & me fit faire connoissance avec sa famille *(ſ)*, dont l'union, l'esprit & la gaieté font de sa maison un séjour vraiment délicieux, & donnent le ton à la société que tant d'agrémens y attirent.

Je profitai des dispositions & des offres obligeantes de M. le gouverneur, pour lui recommander avec instance mon soldat Golikoff. Les services sans nombre que m'avoit rendus ce brave homme, sa fidélité, son dévouement à toute épreuve, plaidoient encore mieux que moi en sa faveur, & M. Arsénieff conçut le désir de conserver auprès de lui un si bon sujet; mais l'ambition du pauvre Golikoff *(t)*

(ſ) Presque tous ses enfans parlent françois; un de ses fils l'écrit avec pureté, & partage avec son frère mille qualités aimables : une de leurs sœurs est mariée au vice-gouverneur.

(t) Pendant mon séjour à Okotsk, M. Kokh avoit bien voulu, à ma réquisition, lui donner le grade de caporal. Cette faveur imprévue fit sur son ame une impression si vive, qu'au retour de la parade, je crus qu'il deviendroit fou de joie & de reconnoissance.

ſe bornoit à être incorporé dans la garniſon d'Yakoutsk, où il étoit appelé par ſa tendreſſe pour ſon père demeurant en cette ville, & par ſon attachement pour M. Kaſloff, ſous les ordres de qui il faiſoit ſon bonheur de ſervir. De tels ſentimens ajoutèrent à l'intérêt que mes récits avoient inſpiré, & mon protégé obtint ſur l'heure la grâce que je ſollicitois pour lui.

1788,
Août.
A Irkoutsk.

J'allai faire viſite enſuite à M. Poskatſchinn, ami intime de M. Kaſloff, dont la recommandation me valut toutes ſortes d'honnêtetés. J'y trouvai un prêtre catholique, envoyé en Sibérie pour procurer les ſecours de ſon miniſtère aux chrétiens de l'égliſe Romaine. Il fait ſa réſidence ordinaire à Irkoutsk.

Cette ville, capitale du gouvernement d'Irkoutsk & de Kolivanie, eſt ſituée ſur le bord de l'Angara & près de l'embouchure de l'Irkout qui lui donne ſon nom. On voit dans ſa vaſte enceinte pluſieurs édifices en pierres, & des égliſes en briques:

Deſcription
de la ville
d'Irkoutsk.

1788,
Août.

A Irkoutsk.

ſes maiſons en bois ſont grandes & commodément diſtribuées, ſa population nombreuſe & ſa ſociété brillante ; la multitude d'officiers & de magiſtrats qui la compoſent, y ont introduit les modes & les uſages de Péterſbourg. Il n'eſt point de perſonnes en place qui n'ayent un équipage ; le rang & les qualités règlent le nombre de chevaux attelés à ces voitures pareilles aux nôtres.

J'ai déjà dit que tous les tribunaux des provinces voiſines, reſſortiſſent à ceux de cette ville ; elle eſt auſſi le ſiége d'un archevêque, prélat vénérable, qui exerce les fonctions patriarchales dans toute l'étendue de cette portion de l'empire Ruſſe.

Commerce
de la Ruſſie
avec la Chine.

Mais c'eſt au commerce principalement que cette capitale doit ſa ſplendeur. Par ſa poſition, elle eſt l'entrepôt de celui de la Ruſſie avec la Chine. On ſait que la communication s'entretient par terre ; tantôt active, tantôt languiſſante, ſouvent interrompue, elle a ſouffert tant de variations, qu'il convient, je penſe, de remonter à l'origine de ces liaifons, pour fe former une idée de leur confiftance actuelle, & de l'accroiffement dont elles feroient fufceptibles.

Les relations primitives datent du milieu du dernier fiècle, vers l'époque de l'invafion des Tartares Mantchoux, qui, après avoir ravagé pendant long-temps les provinces feptentrionales de l'empire Chinois, finirent par le fubjuguer entièrement. Ce fut à un gouverneur de Tobolsk que la Ruffie fut redevable des premières notions fur les moyens d'ouvrir ce commerce ; elles furent le fruit d'une tentative faite à Pékin par quelques perfonnes de confiance qu'il y avoit envoyées. Loin d'être découragés par le peu de fuccès de ces émiffaires, des négocians Ruffes & Sibériens s'affocièrent pour profiter, s'il étoit poffible, de leurs découvertes. L'année 1670 vit partir leur caravane, qui revint avec de nouvelles lumières & des preuves non équivoques de bénéfices. Dès-lors les compagnies fe multiplièrent,

1788,
Août.
A Irkoutsk.

1788,
Août.
A Irkoutsk.

les courſes devinrent plus fréquentes, les établiſſemens s'agrandirent.

Tant de progrès alarmèrent les Chinois, qui réſolurent d'y mettre des bornes. Des forts s'élevèrent pour arrêter un voiſin, qui s'avançant chaque jour davantage par le fleuve Amour, la mer orientale & la Selinga, s'approchoit inſenſiblement des frontières de la Chine. Ces meſures défenſives furent la ſource de démêlés très-vifs entre les deux empires touchant leurs limites; il y eut quelques hoſtilités, enfin une rupture ouverte. Pluſieurs années ſe paſsèrent en ſiéges de places, démolies & rétablies tour-à-tour, juſqu'à ce qu'enfin en 1689, les deux cours, par la médiation des PP. Gerbillon & Pereira Jéſuites, autoriſés de l'empereur de la Chine, ſignèrent à Nertſchinsk, un traité de paix & d'alliance perpétuelle *(u)*, qui

---

(u) Ce traité qui avoit été compoſé en latin par ces religieux négociateurs, fut ratifié reſpectivement par les deux ſouverains, ſur la traduction en langue Ruſſe & Mantchou. Voilà le premier exemple, depuis la fondation de l'empire Chinois, d'un traité

dut être gravé fur deux pierres ou poteaux plantés aux confins de chaque empire.

Il affuroit la liberté du commerce, par réciprocité, à tous fujets des deux puiffances, pourvus de paffeports de leurs cours : cependant la Chine avoit fu fe faire payer de fa condefcendance, par les abandons qu'elle avoit exigés de la Ruffie, qui perdit à ce marché, non-feulement une partie importante de fes poffeffions, mais encore la navigation fur le fleuve Amour jufqu'à la mer orientale.

En dédommagement ou dans l'efpoir de tirer plus d'avantages de ce commerce, le Tzar *(x)* Pierre-le-grand, chargea en 1692 Ifbrand Ives, Hollandois à fon fervice, de demander à la cour de Pékin,

---

de paix fait par cette nation, & de l'entrée de fa capitale permife à des étrangers. A cette époque, on comptoit à Pékin plufieurs familles Sibériennes transfuges ou prifonnières, & que les bontés de l'empereur Kam-hi déterminèrent à s'y fixer & même à s'y naturalifer.

(x) C'eft ainfi que les Ruffes écrivent & prononcent le mot Czar.

pour les caravanes, la jouiffance du privilége que le dernier traité accordoit aux
particuliers. Le réfultat de l'ambaffade
répondit aux défirs de la cour de Péterf-
bourg; les caravanes furent admifes, &
comme elle fe réfervoit le droit exclufif
de les envoyer, elle recueilloit la maffe
entière des profits *(y)*. Ces voyages du-
roient trois ans ; les marchands Ruffes
compofant la caravane, étoient renfermés dans un caravenferail, où fe faifoient les échanges, & pendant leur féjour à Pékin, l'empereur les défrayoit.

Ce calme ne fe maintint pas long-
temps entre les deux puiffances. De nouveaux troubles fufcités par l'inconduite,
l'ivrognerie & les procédés infultans de
quelques Ruffes, au milieu même de
la capitale Chinoife, pensèrent encore

(y) Les particuliers ne tardèrent pas à fe dégager
des entraves tyranniques du monopole impérial;
ils parvinrent à entretenir des relations fecrètes en
Chine par la voie des Tartares Mongols, qui leur
vendirent cher leur entremife.

anéantir leur commerce. L'ambaffade
d'Ifmaïloff le foutint : grâce à l'habileté de
ce négociateur, capitaine des gardes du
Tzar, les défordres furent réprimés, les
plaintes affoupies ; à la méfintelligence
fuccédèrent la confiance & la fécurité.
Pour conferver de fi heureufes difpofitions, Laurent Lange refta à Pékin avec
le titre d'agent des caravanes.

Au départ de ce réfident, les affaires
allèrent toujours en déclinant, & les
excès des Ruffes s'accrurent. Ils réveil-
lèrent l'orgueil & la défiance, naturels
du Chinois. Le refus de lui livrer plufieurs hordes Mongoles qui s'étoient
rendus tributaires du Tzar, acheva d'ir-
riter l'empereur ; il bannit tous les Ruffes
de fes états : plus de communication de
ce moment entre les deux nations.

En 1727, le comte Ragouzinskoi,
ambaffadeur Ruffe auprès du fucceffeur
du vindicatif Kam-hi, vint à bout de
renouer les liaifons de commerce par un
nouveau traité qui prefcrivoit irrévoca-

1788,
Août,
A Irkoutsk.

blement les bornes de chaque empire *(z)*, & affujettiffoit les négocians à un règlement invariable, fait pour écarter à jamais les fources de divifion.

Il fut permis à la cour de Ruffie d'envoyer tous les trois ans une caravane à Pékin ; le nombre des marchands fut fixé à deux cents. A leur arrivée fur les frontières de la Chine, ils devoient en informer l'empereur, pour qu'un officier Chinois vînt les efcorter jufqu'à la métropole, où ils feroient défrayés pendant le temps de leur traite. On convint encore que les marchandifes des particuliers ne pafferoient pas la frontière, qu'ils ne jouiroient plus du privilége de commercer dans tous les territoires Chinois & Mongols. En conféquence, on leur affigna deux places fur les confins de la Sibérie, l'une appelée *Kiakhta,* du nom d'un ruiffeau qui arrofe fes environs ; l'autre *Zu-*

(z) Voyez dans Coxe, tous les détails fur la fixation de ces limites.

rukhaire

rukhaïre (z), située sur la rive gauche de l'Argoün, & ils furent tenus de déposer leurs effets de traite dans les magasins de ces deux villes.

Malgré la ratification solennelle de toutes les clauses de ce pacte, l'exécution éprouva sans doute des contrariétés ; le levain du ressentiment fermenta, ou la mauvaise foi renouvela les chicanes : quoi qu'il en soit, dans l'espace de vingt-sept ans, on ne compte que six caravanes parties de Russie. Après l'envoi de la dernière, ce commerce retomba dans la langueur qui suit le discrédit.

Je supprime le détail des griefs que les Chinois reprochèrent aux Russes. Plusieurs historiens connus ont rendu compte des plaintes qu'occasionnèrent les émigrations successives des Tartares Kalmouks, & d'une multitude de Toungousses, tous accueillis par la cour de Pétersbourg ; on a vu son adroite politique

1788, *Août.*
A Irkoutsk.

____

(z) C'est, je crois, le même endroit que les Russes nomment *Naïmatschinn.*

Partie II.   X

tour-à-tour modérée & menaçante, éluder toujours de satisfaire la Chine.

Ces contestations continuèrent jusqu'à l'avènement de l'impératrice régnante. A peine Catherine II eut-elle pris les rênes du gouvernement, qu'elle renonça, en faveur de ses sujets, au monopole des fourrures & au droit exclusif d'envoyer des caravanes à Pékin. Cet acte de justice & de bienfaisance, vraiment digne du génie & du cœur de cette souveraine, ne suffit pas néanmoins pour rendre au commerce son antique vigueur. L'inimitié entre les deux empires fut encore aigrie par l'inconstance de ces mêmes Toungousses, qui, ennuyés ou mécontens de leur nouvel établissement, se dérobèrent tout-à-coup à la domination Russe, & retournèrent dans leur patrie, se remettre sous la puissance Chinoise.

Depuis, on a su que les deux nations écartant toute animosité, s'étoient rapprochées sincèrement, & que la communication entre les négocians devenoit

chaque jour plus vive & plus intéressante.
Autant les comptoirs Russes se font mul-
tipliés à Kïakhta, qui s'est peuplée, agran-
die & fortifiée, autant les Chinois ont
afflué dans leur bourg de Zurukhaire ou
Naïmatschinn; des commissaires de part
& d'autre présidèrent aux échanges, & la
langue Mongole fut adoptée pour les con-
ventions, qui se firent par interprètes.

Il s'en faut que les Russes ayent l'avantage dans ce trafic; les Chinois, qui ne
commercent qu'en société, sont infiniment plus vigilans sur leurs intérêts, plus
circonspects dans leurs marchés; aussi
savent-ils toujours se rendre maîtres du
prix des marchandises des Russes, &
amener adroitement ceux-ci à acheter
les leurs suivant l'estimation première
dont ils ne se départent jamais. Le
thé, par exemple, leur procure un
profit immense *(a)*; ils le vendent si cher,

____

(a) A Okotsk, lors de mon passage, la livre
de thé valoit seize roubles, encore étoit-il très-rare;
il venoit, m'a-t-on dit, de Pétersbourg, qui le
tiroit à présent de l'Angleterre ou de la Hollande.

X ij

1788,
Août.
A Irkoutsk.

que les acquéreurs font forcés enfuite de le donner à perte. Pour s'en dédommager, ils tâchent de renchérir leurs pelleteries, dont les Chinois font extrêmement amateurs; mais leur fineffe les met en garde contre cette fupercherie.

Il feroit trop long de faire ici l'énumération de tous les objets qui entrent dans ces échanges. J'invite le lecteur curieux à recourir à l'ouvrage de Coxe ou de Pallas, qui fe font l'un & l'autre fort étendus fur cette matière. Par le relevé qu'ils ont fait des exportations & importations à Kïakhta, en l'année 1777, ils évaluent le total de ce commerce à quatre millions de roubles; mais depuis ce temps, plufieurs relations dignes de foi atteftent qu'il a confidérablement baiffé; aujourd'hui même on peut dire qu'il eft réduit à rien *(b)*.

(b) A mon arrivée en Sibérie, on m'affura à diverfes reprifes, que les commerçans Ruffes fe repentoient des fpéculations auxquelles ils s'étoient livrés fur la foi du dernier accommodement; & la

Les préparatifs de mon départ fe

preuve qu'ils le regardoient comme nul, c'eft que plufieurs d'entr'eux qui m'ouvrirent leurs magafins, pour me montrer la quantité prodigieufe de pelleteries qu'ils y avoient enfouies, s'accordoient à dire qu'ils attendoient avec impatience, qu'un nouveau traité les mît à même de fe défaire de leurs marchandifes.

S'il m'étoit permis d'avancer mon fentiment, j'oferois affirmer qu'il me paroît de l'intérêt le plus cher de la Ruffie & même de la Chine, de faire promptement ce nouvel accord ; mais pour qu'il fût cimenté d'une manière plus durable & plus utile au commerce refpectif des deux puiffances, peut-être avant tout faudroit-il que, de concert, elles allégeaffent le fardeau des taxes, qu'elles levaffent toutes les entraves qui intimident & arrêtent le négociant. Peut-être conviendroit-il encore que la Ruffie, profitant des avantages phyfiques & naturels que fa pofition lui donne, fe déterminât à faire partir d'Okotsk ou du Kamtfchatka, ou de tel autre port qu'elle jugeroit à propos, des bâtimens qui puffent aller échanger directement à Macao ou à Canton, s'il y avoit moyen, les marchandifes qu'à grands frais on tranfportoit par terre à Kiakhta. Je doute qu'alors les dépenfes à faire, pour leur exportation & pour l'importation de celles de la Chine, fuffent auffi onéreufes. La communication entre Okotsk & la Sibérie n'eft pas très-difficile, & incontestablement cette province devien-

X iij

1788,
Août.
A Irkoutsk.
Préparatifs
pour mon
départ.

bornèrent à acheter un kibitk *(c)*. Je n'avois plus l'embarras de faire des provisions, j'étois assuré de trouver à chaque poste de quoi fournir à ma subsistance. M. le gouverneur me donna un *poradojenei* ou passeport jusqu'à Pétersbourg. Il fut arrêté que je serois escorté par un soldat de la garnison, dont le courage & la fidélité étoient reconnus, & qu'un des courriers du cabinet de M. le gouverneur général, qui l'avoit expressément recom-

---

droit plus florissante du moment que cette route seroit plus fréquentée. Ces réflexions me ramènent naturellement à ce que j'ai dit dans la Ire partie de cet ouvrage *(note d, pages 9, 10 & 11)*, du projet d'un négociant Anglois établi à Macao. Pourquoi les Russes ne tenteroient-ils point la même voie! n'ont-ils pas bien plus de ressources que les Anglois, pour s'emparer exclusivement du commerce des fourrures en Chine! Une fois ce chemin ouvert, il seroit facile d'étendre ces liaisons à de nouveaux objets. Je ne parle pas de l'inappréciable avantage que retireroit encore la Russie de cette navigation commerçante, celui de former de bons & nombreux équipages.

(c) Voulant achever mon voyage le plus lestement possible, je laissai la majeure partie de mes

mandé, m'accompagneroit pour m'aider dans ma route de fes fervices & de fon expérience.

Je pris congé de M. Arfénieff; fon fils & M. Dolgopoloff voulurent abfolument me conduire jufqu'à la première pofte, malgré toutes mes inftances pour les en empêcher. Nous montions en voiture, lorfque mon bon Golikoff vint tout en larmes me conjurer de fouffrir qu'il me fuivît auffi loin que ces deux Meffieurs;

effets à M. Medvédoff négociant, qui eut la complaifance de fe charger de leur tranfport à Péterf-bourg.

Pour terminer cette affaire, il m'invita à fouper chez lui. Pendant que nous étions à table, la ville éprouva un tremblement de terre affez violent, il dura deux minutes : nous nous en aperçûmes au choc de nos verres, à l'ébranlement de notre table & de nos fiéges; toutes les cloches de la ville fonnèrent, & plufieurs guérites furent renverfées. Dans le premier effroi, on forma mille conjectures fur la caufe de cette fecouffe; & comme j'avois obfervé que le mouvement ou l'ondulation avoit été du fud au nord, on crut en découvrir le principe dans le voifinage du lac *Baikal.* Je laiffe la queftion à réfoudre aux phyficiens.

X iv

c'étoit, me dit-il, la plus douce récompense que je puſſe lui accorder. Ce dernier trait d'attachement me pénétra, & je ſentis qu'en cédant à ſa prière, je n'étois pas moins heureux que lui.

Après avoir paſſé en bac la rivière Angara *(d)*, nous arrivâmes en peu de temps au lieu de notre ſéparation. Tandis que je renouvelois mes remercîmens & mes adieux à M. le commandant & à M. Arſénieff le fils, Golikoff caché derrière ma voiture tâchoit de dérober ſes pleurs, & me recommandoit aux ſoins du ſoldat qui lui ſuccédoit. Son déſeſpoir éclata, quand mes chevaux furent prêts; il accourut embraſſer mes genoux, s'écriant qu'il ne me quitteroit jamais; j'eus beau

(d) Cette rivière en prenant le nom de *Tounkoutska*, remonte au Yéniſéi (près la ville Yéniſéisk), & elle ſe jette, à quelque diſtance d'Irkoutsk, dans le lac immenſe que les Ruſſes appellent la *mer Baikal.* On dit celle-ci environnée de hautes montagnes; l'eau en eſt douce, & la navigation peu ſûre par la fréquence des gros temps. Je regrette de n'avoir pu l'aller voir.

lui répéter qu'il ne dépendoit pas de moi de l'emmener, qu'il le savoit bien; mes raisonnemens, mes caresses, rien ne put lui faire lâcher prise, il fallut l'arracher de mes pieds; puis de la voiture qu'il avoit saisie en me perdant. Jamais, je crois, ma sensibilité n'essuya de plus rude assaut; je partis le cœur navré. Le regret de n'avoir pu suivre l'impulsion de ma reconnoissance *(e)*, en exauçant le vœu de ce brave homme, me tourmente encore aujourd'hui, & je n'ai que l'espoir qu'il pourra en être informé, car je n'ose me flatter de le revoir un jour.

Je suis forcé à présent de renoncer à l'ordre journalier de mes notes. Ma marche a été si rapide jusqu'à Pétersbourg, c'est-à-dire, depuis le 10 août jusqu'au 22 septembre, qu'il m'a été impossible

---

(e) Je ne pense pas avoir besoin de justifier la vivacité de mes expressions, en peignant mes sentimens pour ce soldat; je n'ai rien à dire à quiconque m'en blâmeroit, étant instruit des services qu'il m'a rendus.

de les écrire avec ma première exactitude ; par la même raison on me pardonnera aussi la briéveté de mes observations. Le pays que je parcours à d'ailleurs été décrit tant de fois par des plumes fidèles & savantes ; ces voyageurs ont répandu tant de charme & d'intérêt dans leurs récits, qu'on ne pourroit que m'accuser de présomption ou de plagiat, si j'essayois de m'étendre davantage sur une matière qu'ils ont approfondie, tandis qu'à peine ai-je eu le temps de l'effleurer. Plusieurs de ces ouvrages sont récens, & la curiosité du lecteur y trouvera abondamment de quoi se satisfaire *(f)*. Je me bornerai donc à ne parler que de ce qui m'est personnel.

D'abord je traversai un petit canton habité par des Bratskis. Ne seroit-ce point-

---

(f) Parmi ces auteurs je citerai Gmelin, Neveu, Lepekinn, Ritschkoff, Falk & Georgi, l'abbé Chappe, Pallas. Ce dernier sur-tout a dans ses descriptions, le triple mérite de l'exactitude, de l'énergie & des plus vastes connoissances.

là le peuple que nous autres François nommons *Burates !* Au-delà d'Oudinsk, je parvins à Kranfnoyark, où je m'arrêtai vingt-quatre heures pour faire remettre des effieux à ma voiture. Cette dernière ville reçoit fon nom du rivage rouge & efcarpé du Yéniféi qui coule au pied de fes murailles.

J'entrai enfuite dans le défert appelé *Barabinskoi-ftep.* Le fervice de la pofte y eft fait par des exilés de toute efpèce, dont les établiffemens font à la diftance de vingt-cinq & parfois de cinquante verftes les uns des autres. Ces malheureux ont la même manière de vivre que ceux qui depuis Yakoutsk me menèrent jufqu'à Péledoui; ils ne font ni plus ferviables, ni moins farouches; leur pareffe paroît plus révoltante encore.

Accoutumé à la fertilité, à la richeffe des campagnes des environs d'Irkoutsk, cultivées par ces laborieux Starogili, l'œil ne fauroit fans peine fe reporter enfuite fur ces plaines incultes; on a envie d'im-

1788,
Août.

Défert de
Baraba ou
Barabinskoi-
ftep.

puter ce fâcheux contraste à l'inertie de leurs pervers habitans, bien que l'on reconnoisse que leur sol est ingrat. On diroit que, d'accord avec la vindicte publique qui les poursuit, la nature se montre marâtre à leur égard ; la terre où la main de la justice les a repoussés, semble les porter à regret ; son sein desséché se refuse à leur culture.

Mon courrier qui avoit le grade de sergent, ne traitoit pas ces misérables avec plus de ménagement qu'il ne convenoit. Pour se faire obéir, il distribuoit souvent des coups de bâton , & mes remontrances ne pouvoient le corriger de ces vivacités qu'il lui plaisoit de nommer son péché d'habitude. Un jour il manqua de l'expier d'une terrible façon. Arrivés à une poste, nous ne trouvâmes point de chevaux ; l'homme chargé ce jour-là du service, avoit eu la coupable hardiesse de s'absenter pour chercher du foin. Deux heures s'écoulent, personne ne paroît, & mon courrier se décide à

aller à la découverte avec mon soldat,
résolus de se saisir des premiers chevaux
qu'ils verroient. Au bout d'une demi-heure
ils revinrent très - échauffés, m'amenant
un seul cheval ; pour s'en rendre maîtres,
ils avoient été obligés de se battre. Pendant qu'ils me racontoient comme la
chose s'étoit passée, celui qu'ils accusoient
d'avoir été l'agresseur, accourut se plaindre à moi, de ce qu'on lui avoit arraché
la moitié de la barbe. Dans le même
instant je fus entouré de plus de cinquante personnes, sorties je ne sais d'où,
car en entrant dans ce village , nous
n'avions pu découvrir que le staroste. Ce
fut à qui accableroit mon courrier d'in-
jures; je parlai long-temps sans pouvoir
me faire entendre. Celui-ci au lieu de
m'aider à calmer les esprits, aperçoit
notre postillon qui revenoit des champs;
il court à lui, & son bras lui fait payer
cher le retard qu'il nous avoit occasionné.
L'homme à barbe arrachée veut se mettre
en devoir de venger son camarade, mais

1788.

par ordre du courrier fergent, mon foldat fait l'en empêcher, & je fuis réduit à l'arracher de fes mains. A force de cris, de prières, je fufpendis enfin l'ardeur des combattans. J'eus bien à m'applaudir de ma modération; les témoins étoient furieux du traitement fait à leur voifin; infailliblement ils nous auroient maffacrés, fi je n'euffe ordonné fur le champ à mes deux imprudens de retourner à ma voiture, & de preffer notre conducteur d'atteler fes chevaux. On voulut les pourfuivre, mais je vins à bout d'arrêter la foule; ils en furent quittes pour des invectives. Dès que j'eus appaifé les mécontens, je me hâtai de gagner mon kibitk, & ne me crus fauvé que lorfque je me vis hors de leur portée.

Je tremblois que cet événement ne circulât; cependant jufqu'à Tomsk, ville où fe termine ce défert, je n'aperçus pas la moindre apparence de mouvement; mes gens empreffés de porter leurs plaintes au capitan ifpravnik, m'appelèrent

Arrivée
à Tomsk.

en témoignage à mon grand regret. Cet officier me fit preſſentir les ſuites dangereuſes de cette affaire pour le maintien de l'ordre & de la ſubordination, ſi ces exilés de Baraba n'étoient pas ſévèrement punis; il ſe diſpoſa en conſéquence à ſe rendre lui-même ſur les lieux pour faire un exemple.

Ma viſite au commandant de Tomsk, me conſola bientôt de cette déſagréable aventure. Je trouvai en lui un François nommé M. de *Villeneuve:* ſon grade eſt celui de colonel; il me reçut en compatriote, c'eſt en dire aſſez pour faire concevoir notre joiè mutuelle en nous abordant. Il me ſembla avoir déjà un pied en France.

Tomsk eſt aſſez joli; une partie de la ville eſt ſur une hauteur où domine la maiſon du commandant, l'autre deſcend juſqu'à la rivière Tom. Je n'y reſtai que le temps de faire raccommoder mes roues.

Je rencontrai pluſieurs bandes d'exilés

1788.
Rencontre d'exilés envoyés à Nertfchinsk.

ou de galériens *(g)*, & l'on m'avertit de me tenir fur mes gardes. Comme il s'en échappe fréquemment, les payfans font obligés de les rechercher autant par devoir que pour leur propre sûreté. Rien de fi facile en effet pour ces bannis que de s'évader dans la route ; ils font bien conduits par des gardes, mais jamais on ne les enchaîne. J'en ai vu dans les bois jufqu'à quatre-vingts pour la même deftination ; ils étoient féparés par compagnies de quatre, cinq, fix hommes & femmes, qui fe fuivoient à la diftance quelquefois de deux ou trois verftes. Ces galériens font enfuite diftribués dans les différentes mines de Sibérie ; ceux-ci alloient à Nertfchinsk.

Paffage de l'Ob ou l'Obi.

Je traverfai les principales rivières de cette province, telles que l'Oka, le Yéniféi, le Tom, l'Obi que les Ruffes appellent l'*Ob*. Sur cette dernière je courus un grand danger dans un petit bac,

---

(g) Il y avoit dans le nombre quelques perfonnes de diftinction.

en

en si mauvais état, qu'au milieu de la
rivière il se remplit d'eau. Nous nous
fussions difficilement sauvés sans la précaution que j'avois eue d'attacher à ce
bac un plus petit bateau , & sans ceux
qui nous furent amenés promptement
par les habitans de l'autre bord.

Avant d'arriver à Tobolsk , je passai
deux fois l'Irtisch, la dernière près de
l'embouchure du Tobol. Cette capitale,
située entre ces deux fleuves , doit avoir
été une des plus belles villes de Sibérie ,
mais elle venoit d'être la proie d'un
incendie qui en avoit réduit en cendres
la plus grande partie. Précédemment elle
étoit divisée en deux, la ville basse & la ville
haute : l'une bâtie sur la plate-forme d'une
montagne , présentoit plusieurs beaux édifices en pierre ; l'autre n'avoit que des
maisons de bois, qui furent les premières
dévorées par les flammes. De proche en
proche elles avoient gagné la partie supérieure de la ville & les bâtimens en
pierre, où elles ne laissèrent que les murs.

Partie II.{{ }}Y

1788.

Arrivée à Tobolsk , & description de la ville.

1788.

Je ne m'attendois pas à ce trifte fpectacle; fon impreffion fur moi fut auffi vive que profonde; jamais je n'oublierai l'air confterné des malheureux habitans qui, depuis le plus petit jufqu'au plus grand, travailloient avec ardeur, mais dans un morne filence, à réparer leurs pertes. Déjà les traces des ravages du feu commençoient à difparoître, & l'on voyoit fortir de terre les premières affifes de quelques maifons & des boutiques, toutes reconftruites en pierre : il eft probable que le refte de la ville fera rebâti auffi folidement.

Catherinebourg; mine d'or dans fes environs.

En la quittant, je repaffai l'Irtifch une troifième fois pour me rendre à Catherinebourg ou Yékaterinbourg, où je féjournai vingt-quatre heures, afin de donner le temps de faire de nouvelles réparations à ma voiture; je l'employai à vifiter une mine d'or dans les environs, & le lieu où l'on bat la monnoie de cuivre.

Note fur les Tartares.

Je renverrai le lecteur aux auteurs que j'ai cités, pour avoir la defcription des peuplades Tcheremiſſes, Tſchouvaſchis, Votiaguis & Tartares. Je dirai ſeulement de ces derniers, que la propreté de l'intérieur de leurs habitations m'a étonné, ſans doute parce que je m'étois un peu trop familiariſé avec le défaut contraire parmi les Kamtſchadales, Koriaques, &c. Ces Tartares ſont ſédentaires, agriculteurs & riches en blés & en beſtiaux; ils profeſſent la religion Mahométane.

La coiffure des Tcheremiſſes m'a paru ſingulière; c'eſt un morceau de bois ſculpté, de huit à dix pouces de long & de quatre à cinq de large, qu'on poſe preſque à la racine des cheveux, de manière que la partie ſupérieure de cette eſpèce de toque penche un peu ſur le front. On l'attache, puis on l'environne d'un mouchoir blanc, peint ou brodé; les couleurs les plus tranchantes, les deſſins les plus chargés ſont choiſis de préférence, & une large frange ou une dentelle d'or ou d'argent, ſelon le luxe ou l'aiſance des individus, bordent ce

1788.

Coiffure des
Tcheremiſſes.

mouchoir qui eſt très-grand & retombe par derrière. Quant à l'habillement, je ne puis mieux le comparer qu'à nos robes de chambre.

Une caravane de Bohémiens que je rencontrai, me dit, en me demandant de l'argent, qu'ils alloient peupler & défricher un petit canton ſur le bord du Volga près de Saratoff.

La néceſſité de faire viſer mon paſſe-port par le gouverneur de Caſan, & la difficulté d'y avoir des chevaux, étant arrivé fort tard, me retint juſqu'au jour dans cette ville. Le Volga qui baigne ſes murs, rend ſa poſition agréable; ſes mai-ſons pour la plupart ſont en bois, & les égliſes en pierre : on me dit qu'elle étoit le ſiége d'un archevêque.

Au-delà du Volga *(h)*, rivière renom-mée pour ſa navigation, & qui ſe jette

---

(h) On prétend que ſes bords ſont infeſtés par les voleurs, qui pourroient bien n'être que les ba-téliers. J'en ai vu beaucoup ſur ma route ; jamais aucun ne m'a inſulté.

dans la mer Cafpienne, je paffai devant les villes de Kouzmodémiansk & Makarieff. Cette dernière, réputée pour fes fabriques de toile, n'eft à proprement parler qu'un bourg. J'en étois peu éloigné, & venois d'échapper au danger d'un pont tremblant & mal affujetti, lorfque mon impatience penfa me coûter la vie. Mon poftillon, animé par mes incitations réitérées, me menoit grand train *(i):* tout-à-coup j'entends battre contre la caiffe de mon kibitk; je mets la tête dehors & reçois un coup qui me rejette dans ma voiture. Un cri du courrier qui étoit à mon côté, m'avertit que j'étois bleffé. En effet, le fang ruiffeloit fur mon front; on arrête, je defcends, c'étoit le cercle de ma roue qui s'étoit caffé, & dont le taillant m'avoit frappé d'autant

---

(i) C'eft un éloge qu'on doit aux poftillons de Ruffie; nulle part on n'eft auffi bien mené; la raifon en eft qu'ils font prefque toujours gris. Dans les villages, après la moiffon, il faut les arracher des kabacs.

Y iij

plus fort que nous allions plus vîte. En y touchant, ma bleffure me fembloit large & profonde ; je crus même fentir que mon crâne étoit endommagé; en un mot, je me regardai comme mort.

C'eft ici que je puis dire avec vérité, que l'expreffion me manque pour peindre l'excès de mon défefpoir. Après avoir furmonté tant d'obftacles, tant de périls; à la porte de Péterfbourg, où je brûlois d'arriver pour ferrer dans mes bras le meilleur des pères, que je n'avois pas vu depuis quatre ans; à la veille de rentrer dans ma patrie, de m'acquitter de ma miffion par la remife de mes importantes dépêches, & me croire frappé d'un coup mortel ! Anéanti par cette réflexion, je fentis mes genoux fléchir, ma tête fe perdre ; heureufement les fecours de mes compagnons me rappelèrent à moi-même; je m'armai de courage, me fis bander fortement la tête, la roue fut rajuftée tant bien que mal, & nous gagnâmes prompte-ment la pofte avant Nijenei-novogorod.

Je laiffai mon kibitk en ce village à la garde de mon foldat, à qui j'ordonnai de le faire raccommoder, & de me le ramener à la ville prochaine. Pendant qu'on atteloit pour moi une voiture de pofte, & qu'on y chargeoit ma caiffe, j'entrai dans un kabac où l'on verfa fur ma plaie de l'eau-de-vie la plus forte; puis une bonne compreffe me mit en état de faire les vingt-cinq à trente verftes qui me reftoient jufqu'à Nijenei-novogorod.

Le chirurgien-major chez qui je m'arrêtai étoit abfent; on me mena, pour l'attendre, dans un véritable taudis. Le défir de refter inconnu, l'incertitude de mon danger me perfuadèrent que je ne devois point me faire annoncer au gouverneur. Dans l'après-midi je retournai inutilement chez ce chirurgien. Ennuyé de fouffrir, fans favoir à quoi m'en tenir fur ma bleffure, je demandai s'il n'y avoit pas quelqu'un qui pût me fecourir; on m'indiqua un *podléker* ou fecond chirurgien, qu'on m'amena enfin après bien des difficultés

Y iv

1788.

1788.

de sa part. Son abord ne me prévint pas
en faveur de ses talens & de sa sobriété;
il avoit toute la brusquerie & la démarche
chancelante d'un homme ivre: cependant
la nécessité de faire sonder ma plaie l'emporta sur ma répugnance à me livrer à
de telles mains; mais le malheureux avoit
oublié ses instrumens. Qui croiroit qu'une
épingle fut la sonde qu'il emprunta? l'examen fait, il me dit en balbutiant, que
mon crâne étoit à découvert, mais nulle-
lement fracturé, & qu'avec de l'eau-de-
vie & de l'eau, je pourrois continuer
ma route; il m'invita ensuite à me faire
saigner. L'idée d'abandonner mon bras à
cet ivrogne me fit frémir. Après l'avoir
remercié, payé & congédié, je remontai
dans mon kibitk, heureux d'être débar-
rassé de l'opération & de l'opérateur.

Nijenei-no-
vogorod.

 Nijenei-novogorod est, comme tout le
monde sait, sur le Volga, & ressemble à
toutes les villes Russes; on s'y vantoit, à
mon passage, d'y posséder une troupe de
comédiens nationaux.

En fortant de Vladimer , j'atteignis Mofcou ; M. de Boffe notre vice-conful s'empreffa d'appeler les chirurgiens les plus habiles pour vifiter ma bleffure ; tous me raffurèrent, quoique mes douleurs de tête fuffent affez aiguës. Je me trouvai d'autant plus foulagé d'être délivré de mes craintes, que j'appris en même temps une nouvelle bien faite pour les accroître. M. de Boffe me dit que mon père n'étoit pas à Péterfbourg. Ainfi, en fuppofant que j'euffe été plus dangereufement atteint, que cotte ville eût été le terme de mon voyage & de ma carrière, je n'aurois pas même eu la confolation de finir ma vie dans les bras de celui à qui je la dois.

Ma voiture étant totalement délabrée, je l'abandonnai à Mofcou, d'où je partis fur des voitures de rechange ; elles étoient fi petites & fi incommodes, qu'elles ne nous mettoient pas feulement à l'abri de la pluie. Je paffai par Tver, Vouifchnei-volotfchok, Novogorod & Sophia près

1788.

Arrivée à Mofcou.

1788,
Septembre.
Le 22.
Arrivée à
Péterſbourg.

Le 23.

de Tſarskocelo *(k)*, & j'entrai à Péterſbourg le 22 ſeptembre dans la nuit,
ayant fait ſix mille verſtes en quarante
jours, ſur leſquels il y en eut huit perdus
en ſéjours forcés.

Conformément à l'inſtruction de M.
le comte de la Perouſe, je remis mes
paquets entre les mains de M. le comte
de Ségur, miniſtre plénipotentiaire du
Roi auprès de l'Impératrice. J'avois eu
l'avantage de le voir à ſon arrivée en
Ruſſie, & je compterai au nombre des
heureux événemens de ma vie de l'avoir
retrouvé à Péterſbourg, pour me conſoler
de l'abſence de mon père. Non-ſeulement
ce miniſtre me fit l'accueil le plus gracieux, mais il s'occupa de ma ſanté avec
l'intérêt de l'affection. Il m'offrit un de
ſes courriers pour m'accompagner & me
ſoigner dans le reſte de ma route. Cependant, comme les ſecours de ſon chirurgien avoient achevé ma guériſon, je

____

(k) Ces villes ſont connues; je les ai traverſées
ſi rapidement, qu'à peine ai-je pu les voir.

remerciai M. le comte de Ségur de fon offre obligeante, ne voulant pas le priver d'un homme qui pouvoit lui être nécef-faire.

Chargé de fes dépêches, je partis le 26 entre onze heures & minuit. Je fus retenu deux jours à Riga par de nouvelles réparations à faire à ma voiture. A Memel, il me fallut perdre huit heures pour engager les bateliers à paffer par un gros temps, le bras de mer appelé *Courich-haff.* Je couchai à Berlin, M. le comte d'Efterno, miniftre plénipotentiare du Roi en cette cour, ayant défiré de me confier auffi fes paquets; je fus bien dédommagé de ce foible retard, par les chofes flatteufes qu'il me valut de la part de ce miniftre.

Enfin, je revis ma patrie, & le 17 octobre à trois heures après midi j'arrivai à Verfailles. Je defcendis à la porte de M. le comte de la Luzerne, miniftre & fecrétaire d'état de la marine. Je n'avois pas le bonheur d'en être connu;

1788,
Septembre.
Le 23.

Octobre.
Le 17.
Arrivée à
Verfailles.

mais fa réception pleine de bonté prépara foudain mon cœur à la reconnoiffance que je lui dois à tant de titres. Sa faveur la plus précieufe à mes yeux, fut de me procurer l'honneur d'être préfenté le même jour à Sa Majefté, qui daigna m'interroger fur diverfes circonftances relatives à mon voyage, me témoigner le défir d'en connoître les détails, & m'en donner le lendemain la récompenfe, en me nommant conful à Cronftadt; récompenfe d'autant plus chère, qu'elle rappela l'éloge du zèle de toute ma famille dans les emplois civils & politiques qui lui ont été confiés.

*COPIE du certificat de M. Kaſloff Ou-
grenin, colonel & commandant d'Okotsk
& du Kamtſchatka.*

JE certifie que M. de Leſſeps, vice-conſul de
France à Cronſtadt, a été obligé de ſéjourner
dans différens endroits par les raiſons ſuivantes :

1.° Arrivé à Bolcheretsk le $\frac{7}{18}$ octobre 1787,
il y a attendu l'établiſſement du traînage, ſans
lequel il eſt impoſſible d'entreprendre le voyage
du Kamtſchatka à Okotsk par terre. Le traînage
a eu lieu, ainſi que la gelée des rivières, à la
fin de novembre.

2.° Il ſeroit parti ſi j'en avois vu la poſſibilité, mais des tempêtes continuelles & violentes qui ont régné depuis le commencement
de novembre juſqu'à la fin de décembre, l'en
ont empêché. Il s'eſt rarement paſſé deux jours
à Bolcheretsk que nous n'en ayons reſſenti de
ſi fortes, qu'à peine la vue pouvoit s'étendre
à ſix ou huit pas. Les Kamtſchadales même ne
peuvent pas voyager pendant qu'elles durent,
& ſont obligés de s'arrêter quelquefois en
plein champ.

J'ai cru de mon devoir de prévenir M. de
Leſſeps, du riſque qu'il y avoit de s'expoſer

avant la fin de cette suite de mauvais temps, à entreprendre un voyage dangereux & pénible par lui-même, & à perdre peut-être les paquets dont il est chargé pour la cour de France; je l'ai assuré d'ailleurs, qu'étant moi-même obligé de retourner à Okotsk le plus promptement possible, je me chargerois de lui, & que nous ne souffririons que les retards les plus indispensables,

3.° Pendant cet intervalle, M. de Lesseps a été attaqué d'une dyssenterie très-violente; sa maladie a duré neuf semaines & l'a considérablement affoibli.

4.° La famine qui a régné parmi les chiens dans toute la côte de l'ouest du Kamtschatka, nous a contraints de faire beaucoup de détours & de suivre pendant long-temps celle de l'est.

5.° Nous fûmes forcés de séjourner dans un village ou ostrog appelé *Pouftaretsk*, & distant de six cents verstes de la ville d'Ingiga. Nous y arrivâmes le 26 février. J'employai tous les moyens possibles pour en partir promptement, mais les chiens, les provisions & tous les secours que j'attendois ayant manqué, je me décidai à laisser partir M. de Lesseps le $\frac{7}{18}$ mars sur de petits traîneaux du pays : son équipage très-peu considérable, une baleine échouée au bord de la mer, & dont j'ai fait couper des morceaux pour nourrir fes chiens, m'en ont donné la poffibilité; & pour qu'il ne fouffre aucun empêchement à l'oftrog de Kaminoï, où vivent des Koriaques, fur lefquels nous ne pouvons pas trop nous fier, j'ai engagé M. le capitaine Smaleff à l'y accompagner. Je l'ai recommandé dans tous les endroits par où il doit paffer, & lui ai donné autant de facilité qu'il a été en mon pouvoir pour voyager fûrement & promptement; mais en même temps je n'ai pu m'empêcher de le prévenir qu'il devoit s'attendre à beaucoup de peines & de fatigues jufqu'à fon arrivée à Okotsk. Je l'ai affuré encore qu'il falloit attendre à la fin de cette faifon pour pouvoir fe mettre en route d'Okotsk à Yakoutsk, les chemins entre ces deux villes étant abfolument impraticables, ou du moins exceffivement dangereux pendant l'hiver, à caufe des neiges qui y font très-confidérables.

En foi de quoi j'ai figné le préfent, fcellé du fceau impérial de mon département, & contrefigné par M. Smaleff, capitaine-infpecteur du Kamtfchatka.

Fait à l'oftrog de Pouftaretsk le $\frac{12}{23}$ mars mil fept cent quatre-vingt-huit.

Dicté, approuvé l'écriture ci-deſſus, & traduit à M. Smaleff. *Signé* Grégoire Kaſloff Ougrenin, colonel & commandant d'Okotsk & du Kamtſchatka.

> *Ici eſt écrit en Ruſſe.* VASSILI SMALEFF, capitan iſpravnik.

Autre certificat du commandant d'Okotsk.

M. de Leſſeps eſt arrivé à Okotsk le 25 avril (5 mai) 1788, incommodé & fort fatigué de ſa route. Son intention cependant étoit de repartir ſur le champ, & de profiter du reſte du traînage pour ſe rendre juſqu'à la croix de Yudoma, d'où au débâclement de la rivière Yudoma, il auroit pu la deſcendre par eau. Je fis tous mes efforts pour lui en fournir les moyens ; les chiens & tout ce dont il avoit beſoin pour la route étoient prêts, mais le mauvais temps nous retint : il étoit arrivé par un dégel violent qui ne diſcontinua pas, & qui en peu de jours rendit les chemins impraticables. J'eſpérois, malgré cela, que les gelées ſe feroient encore ſentir pendant quelques nuits, & qu'il en pourroit profiter pour voyager, ce qui eſt fort ordinaire dans cette ſaiſon. Elles n'eurent pas lieu, & il fut impoſſible que M. de Leſſeps partît. Il entreprit même de ſe mettre en route, &

comme

comme je m'y étois attendu, il fut obligé de retourner fur fes pas, ayant trouvé les chemins & les rivières effroyables & couvertes d'eau. Nous cherchâmes alors un autre expédient, mais il falloit attendre que les rivières fuffent dégelées, & que la neige découvrît quelque endroit des campagnes, pour offrir un peu de nourriture aux chevaux. C'étoit la feule voie qu'il pourroit prendre en partant vers le 25 de juin, & en s'expofant à perdre une partie de fes chevaux. Il ne confentit, fous aucun prétexte, à féjourner autant de temps, & je me décidai à envoyer chercher & choifir les meilleurs chevaux, ou, pour mieux dire, les moins mauvais, & à le laiffer partir au premier moment favorable, lorfque les premières eaux feroient paffées. Je fus étonné de la promptitude de fa marche depuis l'oftrog de Pouftaretsk, où il quitta M. Kaffoff qui n'eft pas encore arrivé, foit que les chemins ou la faifon l'arrêtent, ou que les moyens lui manquent. Le parti que M. de Leffeps a pris de le quitter, a été le plus fage & le meilleur. Il eût encore beaucoup abrégé, fi les tempêtes ne l'euffent pas contrarié dans fa route pendant dix jours de fuite.

J'ai figné & délivré, à la réquifition de M.

de Lesseps, le présent certificat, pour servir de preuve sur la nécessité de son séjour dans cette ville, & l'impossibilité de voyager avec plus de diligence dans ce pays, sur-tout dans cette saison.

Fait à Okotsk, le vingt-six mai (5 juin) mil sept cent quatre-vingt-huit. *Signé en place de commandant*, JOHAN KOKH, assesseur.

FIN de la seconde Partie.

VOCABULAIRE

DES LANGUES

KAMTSCHADALE, KORIAQUE,

TCHOUKTCHI ET LAMOUTE.

Z ij

FRANÇOIS.	RUSSE.	KAMTSCHADALE.
DIEU.	Bokh *(a)*.	Douchtéakhtchitch , Kout *&* Koutka.
Père.	Oteïs.	Epep.
Mère.	Matt.	Engatcha.
Enfant.	Dittia.	Péétch.
Moi.	Ia.	Kimméa.
Nom *(d'une chose)*.	Iméa.	Kharénétch.
Cercle ou rond.	Kroug.	Kill la Kil.
L'odeur.	Doukh.	Tchékh outch.
Un animal.	Zvér.	Kazit kenguiia.
Un pieu.	Koll.	Outlept kouitch.
Rivière.	Réka.	Kiig.
Le travail.	Rabota.	Kazonem.
La mort.	Smért.	Eranim.
L'eau.	Voda.	Azamkh *(ou)* Ji.
La mer.	Moré.	Ezouk.
Montagne.	Gora.	Inzit.
Le mal.	Boll.	Lodonim.
La paresse.	Lénn.	Kh-alacik.
L'été.	Léta.	Adempliff.
L'année.	God.	Ïkhatkhaff.
L'univers.	Svétt.	Atkhat.
Le sel.	Soll.	Peipiem.
Un bœuf.	Bouik.	Kezioung.
Le cœur.	Certsé.	Guillioun.
La force.	Cila.	Kekhkekh.
La santé.	Zdrava.	Klouvesk.

(a) Le lecteur voudra bien recourir, pour la prononciation, à l'avertissement en tête de la première partie.

KORIAQUE.	TCHOUKTCHI.	LAMOUTE.
Kamakliou *ou* Angag.	En-iéga.	Kh-éouki.
Empitch.	Illiguin.	Amaï.
Ella.	Illa.	Eni.
Kmouiguin.	Ninkhaï.	Khoutean.
Guiomma.	Guim.	Bi.
Ninna.	Ninnéa.	Guerbin.
Kamlell.	Kilvo.	Miouréati.
Voui voui.	Vouié guirguin.	Ounga.
Alliougoullou.	Illpouilla.	Boïoun.
Oupouinpin.	Oupinpekhaï.	Tipiioun.
Veiem.	Veiem.	Okat.
Iakhitchat guiguin.	Tirétirkigffinn.	Gourgalden.
Veiaguiguin.	Veiéigou.	Kokan.
Mima.	Mimil.	Mou.
Ankan.	Ankho.	Nam.
Guiéguéi.	Neit.	Ouraktchan.
Tatch guiguin.	Téguél.	Eïen.
Kouloumgatomg.	Télounga.	Ban.
Alaal.	Elek.	Anganal.
Guiviguiv.	Guioud.	Angan.
Khétchguikheï.	Kheïguikeï.	Guévan.
Yamyam.	Teguiou.	Tak.
Tchimga.	Penvel.	Gueldak.
Lingling.	Liig ling.	Mévan.
Nikétvoukhin.	Nikatoukhin.	Égui.
Tmeleffvouk.	Gué mélevli.	Abgar.

FRANÇOIS.	RUSSE.	KAMTSCHADALE.
Bien.	Kharacho.	Klioubello.
Mal.	Dourno.	Keiel.
La main.	Rouka.	Tonno (ou) Cettoud.
Le pied.	Noga.	Katkha (ou) Tkada.
L'oreille.	Oukho.	Aïllo (ou) Jioud.
Le nez.	Noff.	Kekiou (ou) Kika.
La bouche.	Rott.	Cekcé (ou) Kiffa.
La tête.	Glava.	Khobel (ou) Tkhouzgéa.
La gorge.	Gorlo.	Kouikh.
Le front.	Lob.	Tchoutfchel (ou) Tchi- kika.
La dent.	Zoub.	Kip khépp.
La langue.	Iazik.	Ditchel.
Le coude.	Lokott.	Tallotall.
Les doigts.	Paltfi.	Tkida (ou) Kik-énn.
Les ongles.	Nokhti.	Koud (ou) Kououn.
Les joues,	Choki.	Aié ioud (ou) Pr-énn.
Le col.	Chéia.	Khaitt.
L'épaule.	Pletcho.	Tanioud (ou) Tenno.
Le ventre.	Brioukho.	K-Khaïlita.
Les narines.	Nozdri.	Kanngaffounn.
Les fourcils.	Brovi.	Talténn.
Les paupières.	Réffnitfi.	Khenng-iatfchourenn.
Le vifage.	Litfo.	Gouénng.
Le dos.	Spina.	Karo.
Parties naturelles de l'homme.		Kallkhann.
Parties naturelles de La femme.		Kouappa.

KORIAQUE.	TCHOUKTCHI.	LAMOUTE.
Nimélkhin.	Nimelkhin.	Aïa.
Khatkin.	Guetkin.	Kanioulit.
Mouina galguin.	Mouinguit.	Gal.
Guit galguin.	Guitkalguin.	Boudel.
Vélioulguin.	Velioulguin.	Gorot.
Enguittaam.	Ekhkhaiakh.	Ogot.
Ikniguin.	Guikirguin.	Amga.
Léout.	Léout.	Dél.
Pilguin.	Pilguin.	Belga.
Kitſchal.	Kitſchal.	Omkat.
Bannalguin.	Ritti.	Itt.
Lill.	Guiguil.	Enga.
Nitſchiouvétt.	Kirvouéliin.	Etſchén.
Iélguit.	Tchnilguit.	Kh-abrr.
Véguit.	Véguit.	Oſta.
Élpitt.	Irſpitt.	Anntſchinn.
Énnaïnn.	Inguik.	Mivonn.
Iilpitt.	Tchilpiv.	Mirr.
Nannkhénn.	Nannkhinn.	Ourr.
Innvalté.		Kh-Eſonn.
Litchvétt.		Kh-aramta.
Illiatchiguit.	Virvitt.	
Lioulgoulkhall.	Lioulgolkhill.	Itti.
Khaptiann.	Khéptitt.	Néri.

FRANÇOIS.	RUSSE.	KAMTSCHADALE.
Le fang.	Krov.	Bechlem.
Grand.	Véliko.	Tgolo.
Petit.	Malo.	Outchinnélo.
Haut.	Vouiſſoko.	Kran-alo.
Bas.	Niſko.	Diſoulo.
Le foleil.	Solntzé.	Koullétch.
La lune.	Mécéts.	Kirkh-kirkh.
Une étoile.	Zvézda.	Ezeng-itch.
Le ciel.	Nébo.	Kokh-khéll.
Un rayon.	Loutch.	Ts-eiguilik.
Le feu.	Ogonn.	Briououmkhiȝch (ou) Panitch.
La chaleur.	Jarr.	Kékak.
La voix.	Goloſſ.	Khaélo.
La porte.	Dvér.	Onnotch.
Un trou en terre.	Iama.	Khiouép.
Le jour.	Dénn.	Taaje.
La nuit.	Notſch.	Kiounnouk.
Ville.	Grad.	Attéiim.
La vie.	Jizn.	Zoït léném.
La forêt.	Léſſ.	Ou out.
L'herbe.	Trava.	Chichtch.
Le fommeil.	Sonn.	Caékſn.
Arbre (ou) bois.	Drévo.	Ou (ou) Outé.
Dormir.	Spatt.	Oun ekleni.
Couper.	Rézatt.	Lzinim.
Nouer, attacher.	Vézatt.	Tratak.
La mefure.	Méra.	Tiakinioung.
L'or.	Zoloto.	

KORIAQUE.	TCHOUKTCHI.	LAMOUTE.
Moulliou moul.	Moulliou moul.	Souguial.
Niméankhin.	Niméankin.	Ekjann.
Ouppoulioukhin.	Niouppoulioukin.	Niouktfchoukan.
Niguinéguimakhen.	Nivlikhin.	Gouda.
Nivtokhin.	Nivkhodin.	Niatkoukak.
Tikiti.	Tirkiti.	Nioultian.
Yalguin.	Tfchatamoui.	Bekh.
Lillia petfchan.	Eguér.	Offikatt.
Kh-igan.	Keh-iguin.	Nian *(ou)* Djioulbka.
Tikakh-Mouinpen.	Tirkhikh-mell.	Èlganni.
Mouilguin.	Mouiltimouil.	Tog.
Koutigué létonn.	Nitilkhin.	Khokhffin.
Koumguikoum.	Khoullikhoul.	Delgann.
Téllitél.	Titil.	Ourka.
Zolou ioulguin.	Nouterguin.	Kengra.
Alvoui.	Liougiout.	Ining.
Nikinik.	Likita.	Golbani.
Gouina.	Vouivou.	Gorad.
Kioulgatnguin.	Toukoulguiarm.	Inni.
Outitou.	Outit.	Khenita.
Biigai.	Bagaïling.	Orat.
Miél khaïtik.	Guiilkhét iarinn.	Oukléan.
Outouout.	Outtiougout.	Mo.
Kouel khalangui.	Miilkhamik.	Oukladaï.
Koutch Viguin.	Khitfchviguin.	Minadaï.
Tién mouiguin.	Trémitim.	Gadgim.
Tenn métén.	Nig eni.	Ilkavonn.
Elnipélvouitinn.	Tfchedlioupouilvouitéan.	Mérka.

FRANÇOIS.	RUSSE.	KAMTSCHADALE.
L'argent.	Srébro.	
Un foyer.	Otchag.	Ak kannim.
Une maifon.	Domm.	Kizd.
L'ouie.	Sloukh.	Ioulloteliim.
La vue.	Zrenié.	Eltchkioulnim.
Le goût.	Vkouff.	Tal-tal.
L'odorat.	Obonanié.	Kheifk.
La peau.	Koja.	Salfa.
Halte, arrête.	Stoï.	Khimikhtch.
Un chien.	Sabaca.	Koffa.
Un œuf.	Iaitfo.	Dilkhatch.
Un oifeau.	Ptiffa.	Difskhilt.
Une plume.	Péro.	Ciffiou.
Le mari.	Mouje *(ou)* Mouch.	Kifkoug.
La femme.	Géna.	Tigen outch.
Le frère.	Bratt.	Tig-a.
La fœur.	Séftra.	Dikhtoung.
L'amour.	Lioubov.	Allokhtel anim.
Aimer.	Lioubitt.	Tallokhtel azian.
La lettre.	Zémlia.	Cimmit.
Une ceinture.	Poïaff.	Ciititt.
Une pierre.	Kaminn.	Kouall.
Donnes.	Daï.	Katkou.
Va, va-t-en.	Padi, padi potfch.	Téout.
Non.	Niétt.	Biinakitlik.
Oui.	Da.	Lébell.
Boire.	Pitt.	Ekoff kholnim.
Le temps.	Vreméa.	Tak khit *(ou)* Takkhiiat.
Épais.	Tolft.	Khaoumouilli.

KORIAQUE.	TCHOUKTCHI.	LAMOUTE.
Elnipelyouitinn.	Nilguikinpouilvouiténn.	Méguén.
Melguippioulguin.	Milguipialguin.	Nerka.
Ia ianga.	Valkarad.	Djou.
Tikovaloming.	Valioulm.	Iſſni.
Tikila ounguin.	Mogourkim.	Igouroun.
		Amtam.
Kot-keng.	Tikerkin.	Moiéni.
Nalguin.	Nelguin.	Iſſ *(ou)* Nandra.
Khanni vouilgui.	Khvellia.	Illé.
Kh attaan.	Guéttin.	Ninn.
Ligli.	Liglig.	Oumta.
Gallia.	Gallia.	Dei.
Téguélguin.	Téguél.	Detlé.
Ouiakhotch.	Ouréakhotch.	Edi.
Névgann.	Névgann.	Achi.
Khaita kalguin.	Khaïta kalguin.	Akann.
Tchaa kiguit.	Tchakiguitch.	Eken.
Kekmitcha angui.	Nitvaïguim.	Goudj monn.
Ekmoukoulniguin.	Tchivéatchim.	Aia vrovou.
Noutelkhen.	Noultenout.	Tor.
Iguit	Ririt.	Boïat.
Gouvién.	Vougonn.	Djoul.
Khinéélgui.	Kétam.	Omouli.
Khallikhatigui.	Khél khit.	Khourli.
Ouinnié.	Ouinéa.	Atcha.
É.	É.	Ya.
Mouiv vouitſchik.	Migoutſchi.	Koldakou.
Khoulitik.	Khouriti.	Khéren.
Nooumkhin.	Nioumkhin.	Dérom.

FRANÇOIS.	RUSSE.	KAMTSCHADALE.
Un os.	Koſt.	Kotg amtch.
Chanter.	Pétt.	Ang iéſſonim.
Léger.	Légok.	Dimſſ khoulou.
Vache.	Karova.	
Mouton (ou) *Argali.*	Barann.	Koulem.
Cochon.	Svinia *(a).*	
Oie.	Gouſſ.	Kiſſouiéſſ.
Canard.	Outka.	Ditchimatch.
Un foſſé (ou) *canal.*	Rov.	Aétchpouinnim.
Fruit.	Plod.	Iſſgateſſitch.
Corne.	Rov.	Détténn.
Bon.	Dobro.	Klioubello.
Mauvais.	Khoudo.	K'kéllello.
Racine.	Korén.	Iaéngettſch.
Souche.	Pénn.	Enni mellokoll.
L'écorce.	Kora.	Ireltch.
Blanc,	Bélo.	Guénnkalo.
Rouge.	Kraſno.	Tchatch-alo.
Vin (ou) *eau-de-vie.*	Vino.	Koabkho-azamg.
Semer.	Séiatt.	
Pain.	Khléb.	*(b)*
Avoine.	Oveuſſ.	
Seigle.	Roſch.	
Couvrir.	Scritt.	Khankhlidinn.
Porter.	Noſſit.	Lénouiarenk.
Traîner.	Vozit.	Khéningekhtch.

(a) Ils n'ont aucune connoiſſance de cet animal.

(b) Les lacunes ci-deſſus dans les colonnes des langues Kamtſchadale, Koriaque, Tchouktchi & Lamoute, n'ont pu être remplies faute de mots propres & particuliers à

KORIAQUE.	TCHOUKTCHI.	LAMOUTE.
Kh attaam.	Ettemkai.	Ipri.
Kagannguiang.	Khoulikhoul.	Ikann.
Ninnakhin.	Nimirkoukhin.	Aïmkhoun.
		Khoukoum.
Kitéb.	Kétéb.	Ouiamkan.
		Erbatfch.
		Néki.
Nota guilguiguin.	Nivékhfchinkoutérguin.	Khouniram.
Iévouinann.	Vouinnia khaï.	Baldaran.
Innalguin.	Aïvalkhfchléa.	Tannia.
Malguiguin.	Nimelhhin.	Aïa.
Kh antkinn.	Guerkin.	Kannialit.
Nimmakin.	Kimgakaï.	Kh obkann.
Tattkhoub.	Outtékhaiguétchvouili.	Moudakann.
Il khelguin.		Ourta.
Nilgakhin.	Nilgakin.	Guéltadi.
Neit Tfchikhin.	Tchédlionl.	Khoulania.
akhamimil.	Akamimil.	Mina.
Khiniatchéiaguin.	Khinvaguini.	Djaïram.
Khinéalguitati.	Traïavam.	Gue-énounn.
Kouénguinin.	Guérévouli.	Gue-élbouttiann.

chacun de ces peuples. Lorfqu'ils font dans la néceffité d'exprimer les objets que ces mots défignent & qui leur font étrangers, ils adoptent les termes Ruffes.

FRANÇOIS.	RUSSE.	KAMTSCHADALE.
Chêne.	Doub.	
Vaisseau.	Soudno, karable.	Tokh, khatim.
Mariage.	Brak.	En ittipofitch.
Plaine.	Poléa.	Ouskh.
Champ.	Pachnéa.	
Labourer.	Pakhatt.	
Charrue.	Sokha.	
Herse.	Borona.	
Peine, fatigue.	Troud.	Akhltipkonnim.
Fille.	Déva *ou* Dévka.	Oukhtchitch.
Garçon.	Maltchik.	Pekh atchoutch.
Pigeon.	Goloub.	
Garde.	Storoje.	Annatchourna.
Croissance.	Roft.	
Couches, d'accoucher.	Rodini.	Iouff aff khénizatch.
Pouvoir, volonté.	Vlaft.	Inatch kékvaouv.
Le soir.	Vétfchér.	Ettém.
Cheval.	Konn *ou* Lochat.	
Le matin.	Outro.	Moukoulaff.
A préfent.	Téper.	Eéngou.
Avant.	Préjedé.	Koummétt.
Après.	Poflé.	Déméll.
Toi.	Ti.	Kizé.
Nous.	Mouï.	Bouze.
Lui.	On.	Tié.
Elle.	Onna.	Tfchii.
Eux.	Onni.	Tié nakil.
Vous.	Voui.	Souze.
Ici.	Zdéff.	Tétchkh.

KORIAQUE.	TCHOUKTCHI.	LAMOUTE.
Atviniakou.	Etvou.	Tſchourna.
Konaoutiguing.	Matarkinn.	Koptonn.
Kitilkhin.		Avlann.
Iakhitchatguiguin.	Lioulngatt.	Gourgaldénn.
Janguianaouv.	Névouitchkhatt.	Kh-ounatch.
Ak kapill.	Nénkhaï.	Kh-ourkann.
Koun oung.	Eïoulakaï.	Etteiram.
		Goudatch.
Kmigatalik.	Guékmiiél.	Baldajakann.
Katvouguiguin.	Tſchinvo.	Ekjéanni.
Anguivénguin.	Arguivéiguin.	Khiſſéatchin.
		Mourak *(ou)* Mourann.
Iakhimitiv.	Réakhmitiv.	Badjakar.
Ettchigui.	Ettchigui.	Ték.
Inkiép.	Ettiol.	Djoulléa.
Javatching.	Iavatchi.	Eſſiméak.
Guitché.	Guir.	Sſi.
Mouiou.	Mouri.	Bou.
Enno.	Inkhann.	Nong annioubeï.
Ennonévit khét.	Inkhann névann.	Nong ann achi.
Ioutschou.	Innkhakatt.	Kong artann.
Touiou.	Touri.	Kh-ou.
Gouitkou.	Voutkou.	Ellia.

FRANÇOIS.	RUSSE.	KAMTSCHADALE.
Là.	Tamm.	Ték koui.
Voilà.	Vott.	Tétk oun.
Barbe.	Boroda.	Élloud.
Cheveux.	Voloff.	Tchérakhtchr *ou* koubid;
Cris.	Krik.	Orang torritch.
Bruit.	Schoumm.	Oukh véchtchitch.
Vagues de la mer.	Volni.	Kéga.
Sable.	Péffok.	Bezzalik.
Terre glaise.	Glina.	Kitt khim.
Verdure.	Zélénn.	Dokhle kralo.
Verd.	Zélénoié.	
Ver de terre.	Tfchérf.	Gepitch.
Branche , rameau.	Souk.	Ioufftiltch.
Feuilles.	Lifti.	Bouilt léll.
Pluie.	Dojede.	Tchoukh tchou.
Grêle.	Grad.	Koutg atta.
Éclair.	Molnia.	Kig kikh.
Neige.	Snég.	Korell.
Froid.	Stouja.	K-ennétch.
Boue.	Greff.	Tcha ou éfch.
Lait.	Moloko.	Doukh énn.
Homme.	Tfchélovék.	Krochtcho.
Vieux.	Starr.	Kizékh kétlinn.
Jeune.	Molod.	Linnétt-lék.
Vîte.	Scoro.	Dikh-ak.
Doucement.	Tikho.	Dikh-létchoull.
Le monde , les gens.	Liudi.	Krochtchorann.
Comment !	Kak.	Libéch.
Où !	Gdé !	Binnié.
		Nañko.

KORIAQUE.	TCHOUKTCHI.	LAMOUTE.
Nañko.	Nenko.	Tala.
Gout-Tinno.	Nottkhan.	Ér.
Lélou.	Léliout.	Tchourkann.
Nitchouvouï.	Kirvouitt.	Niouritt.
Koukomgalag.	Niķétémérguinéa.	Irkann.
Kouvitchiguitchiguétok.	Ioulnorkinn.	Ouldann.
Kantchiguitang.	Guittchguin.	Bialga.
Tchiguéi.	Tchigaï.	Onéang.
Att ann.		Télbak.
Touiévégaï.	Tourvéguéi.	Tchoulbann.
		Tchoulbalranm
Enniguém.	Enniguén.	Oug-ill.
Elligér.		Garr.
Voutou outo,	Khokhonguit.	Ebdernia.
Moukhémouk.	Ront-ti.	Oudann.
Nikléout.	Guéguélironntiti.	Bota.
Kigui guilann.		Agdiou tapkittann.
Gallag-all.	Ellg-ell.	Imandra.
Khialguin.	Tchagtchénng.	Iguénn.
Ekékaguiguin.	Guékitchkaguirguin.	Boullakékh.
Lioukhéï.	Lioukhaï.	Oukiouln.
Ouiémtévouilann.	Khlavoll.	Béï.
Enn pann.	Guénpiévli.	Sagdi.
G-oïitchik.	Goradchik.	Nioulsioulkhtchann.
Innaéï.	Iïnngué.	Oumouchéat.
Métchinné.	Noulméagué.	Ett niou Koukann.
Toumgou.	Nilchikhikhlavoll.	Béïll.
Mintchi.	Miniri.	Onn.
G-aminna.	Guémi.	Illéa.

FRANÇOIS.	RUSSE.	KAMTSCHADALE.
Quand !	Kogda.	Ittía.
Quoi !	Tchto.	Enokitch.
A qui !	Kémm.	Kiouliout.
A quoi , avec quoi.	Tchémm.	Enok kaïell.
Poiſſon.	Riba.	Ennitch.
Viande.	Méſſa.	Talt gall.
Rivage.	Bérég.	Khaïmenn.
Profondeur.	Gloubina.	Amm-amm.
Hauteur.	Vouiſſota.	Krann-all.
Largeur.	Chirina.	Ank lakill.
Longueur.	Dlina.	Ioulijél.
Hache.	Topor.	Kouachou.
Pouſſière.	Pouil.	Tézitch.
Tourbillon.	Vikhr.	}Tvétvi *(ou)* Pourga.
Tempête.	Bouréa.	
Côteau.	Kholm.	Tek khoulitch.
Borne , liſière.	Méja.	
Souris.	Mouich.	Dekhoultch.
Mouche.	Moukha.	Khalimltch.
Cloud.	Gvozd.	
Diſpute.	Brann.	Letch khalikalim.
Guerrier.	Voïnn.	Tesk kouŀlou.
Guerre.	Voina.	Ar-rokhl-konim.
Baterie.	Draka.	Loſs-komozitch.
Cuiraſſe.	Lati.	
Accord , concordance.	Lad.	Killiouch.
Paix.	Mir.	Lomſtach.
Content , charmé.	Rad.	Khaiouk.
Voleur.	Tad vorr.	Soukh atchoutch.

KORIAQUE.	TCHOUKTCHI.	LAMOUTE.
Tité.	Tita	Ok.
Inna.	R-éakhnout.	Ék.
Méki.	Mikiném.	Ni.
Ioukh-khé.	Réakh-kha.	Etch.
Innaénn.	Innéa.	Oïra.
Khoftokvoll.	Khoratoll.	Oulra.
Antchouimm.	Tchourma.	Kh-olinn.
Nimm khénn.	Nimkhinn.	Kh-ounta.
Niguinéguillokhénn.	Niélikhinn.	Ooufski affoukounn.
Nalamkhinn.	Niougoumkhinn.	Démga.
Nivlikhinn.	Nivlikinn.	G'onaminn.
Khaall.	G-algaté.	Tobar.
Guitkaouétché.	Noultschkhininnbouial.	Kh-énguiélrénn.
Noutéguinn *ou* pourga.	Ménivouial, pourga.	{Kh ouï. {Kh oungua.
Ténoup.	Néittipell.	Kh-oupkann.
		Khidléa.
Pipikhilguin.	Pipikhilnik.	Tchaliouktchann.
G-alamit.	Mrénn.	Dilkann.
		Tipkitinn.
Kaouv tchiténg.	Nipilvouitoukhinéat.	Djargamatt.
Enn khévlann.	Nikétioukhin-khlavol.	Tchékti.
Nonn mitchélangui.	} Maraourkinatt.	Kh ounniattia.
Kotkinaoutchélaangui.		Kouffikatchinn.
Mitchiguév.	Ekh-év.	Djbouvla.
Kovélevlangui.	Ténguég-iarkim.	Antaki.
Mitang étvéla.	Minvouilimouik.	Anmoldar.
Tiguinévok.	Teiguég-iarkim.	Ariouldiouln.
Koutou lagaïténg.	Nitouléakhénn.	Djiourminn.

Aa ij

FRANÇOIS.	RUSSE.	KAMTSCHDALE.
Trou.	Dira.	Palp gall.
Verser.	Litt.	Lioussézitch.
Cuire.	Varitt.	Kokazok.
Se coucher.	Létch.	Kh-alitch.
Sexe.	Pol.	Ozatitt.
Dessous.	Pod.	Césko.
Dessus.	Nad.	
Sans.	Béz.	Innakinévka.
Malheur.	Béda.	Titch Kéink.
Victoire.	Pobéda.	Danntch-tchkitchétch.
La partie la plus molle & la plus blanche d'un arbre au-dessous de l'écorce.	Béil.	Guenn kalo.
Été (parfait du verbe être).	Bouill.	Déllitch.
Glace.	Léd.	Kirvoul.
Battre.	Bitt.	Émill tchaliim.
Baleine.	Kitt.	Dénn.
Tombé, (prêt de tomber).	Pall.	Etkhl khlinn.
La vapeur.	Par.	Tchounéssétch.
Lamentation.	Volp.	K-khanagtch.
Vivement.	Jivo.	Zountchitch.
Le mal.	Zio.	Khakaitt lilézitch.
Ou.	Jli.	G-akka.
A eux.	Imm.	Doué énkaldakioul.
Un.	Iédin.	Dizitt.
Deux.	Dva.	Kaacha.
Trois.	Tri.	Tchook.
Quatre.	Tchétiré.	Tchaak.
Cinq.	Pétt.	Kom étak.

KORIAQUE.	TCHOUTCHI.	LAMOUTE.
Khénpi.	Patriguinn.	Kh-angar.
Koutag-annguinn.	Nékoutéaniét.	Ouniétchip.
Koukoukévong.	Khouitik.	Oladjim.
Matchégatik.	Mingaïtchamouik.	Daftchiffindim.
Tchétchaguing.		Kh arann.
		Erguidalinn.
		Oïdalinn.
Ekh-é.	A.	Ag idali.
Tfchémgaïkitchoguidinn.		Ourgadou.
Mouitinntaouvnaou.	Guéinnitilim.	Dabdarann.
Nilgaguinn.	Nilguikhin.	Guéltaldi.
Nivanngam.	Nitvanguim.	Kh-oulffinn.
Khilléguil.	Tinntinn.	Boukofs.
Ténnkiplénn.	Tratalannvouim.	Maddia.
Iounni.	Rég-év.	Kalim.
Vouiéguéi.	Vouiééi.	Tikrinn.
Kipil-ating.	Nilnik.	Okffinn.
Kotéinn gatinng.	Térnatirinnat.	Kh-ogandra.
Koukioulgtinng.	Évguika.	Inenn.
Kh-antt kinn.	Akhali.	Mbouvkatchalrann.
Méttké.	Evouirr.	Irék.
Enninng.	Innkhanannténng.	Nogordoutann.
Ennann.	Iniéenn.	Oumounn.
Niiékh.	Niréakh.	Djiour.
Niioukh.	N-rioukh.	Élann.
Niiakh.	N-rakh.	Digonn.
Mouillanguinn.	Mouilliguénn.	Tonngonn.

A a iij

FRANÇOIS.	RUSSE.	KAMTSCHADALE.
Six.	Schéft.	Killk-okk.
Sept.	Sémme.	Ettgatanok.
Huit.	Voffémm.	Tchokh-otténokh.
Neuf.	Dévétt.	Tchakh-attanokh.
Dix.	Déffétt.	Tchom khotako.
Vingt.	Dvatfétt.	Kaachatcho-khotako.
Trente.	Triffétt.	Tchook - tchom - kho-tako.
Quarante.	Sorok.	Tchaak - tchom - kho-tako.
Cinquante.	Pettdéffétt.	Kom-iétak-tchom-kho-tako.
Soixante.	Schéfdéffétt.	Kilk - ok - tchom - kho-tako.
Soixante-dix.	Sem deffet.	Etgatanokh - tchom-kotako.
Quatre-vingt.	Voffém. deffet.	Tchokhatténokh-tchom-khotako.
Quatre-vingt-dix.	Dévenofto.	Tchakh - attanokh-tchom khotako.
Cent.	Sto.	Tchom - khotako-tchom-khotako.
Mille.	Tiffétcha.	

KORIAQUE.	TCHOUKTCHI.	LAMOUTE.
Ennann-mouillanguinn.	Innannmouilliguiénn.	Nioungann.
Niiakh-mouillanguinn.	Nirakh-mouilliguénn.	Nadann.
Niioukh-mouillanguinn.	Annvrotkinn.	Djépkann.
Khonnaï-tchinkinn.	Khonatchinki.	Ouiounnv.
Mouinéguitkinn.	Mouinguikinn.	Mér.
Kh-alik.	Khlik-kinn.	Djir-mér.
Kh-alikmouinéguitkinn.	Kklipkinn mouinguit-kinnparol.	Elak mér.
Niékh alik.	Nirakh-khlipkinn.	Diguén mér.
Niékh alikmouinéguit-kinn.	Niérakh - khlipkinn-mouinguitkinn parol.	Tongam mér.
Niékh khalik.	Nrokhkhlipkinn.	Nioungam mér.
Nioukhalikmouinéguit-kinn.	Neurde khlipkinn mou-innguitkinn parol.	Nadann mér.
Niakh-khalik.	Nrakh khlipkinn.	Djépkann mér.
Niak alikmouinéguit-kinn.	Nrakh khlipkin mouinn-guitkinn parol.	Oulonn mér.
Mouilanguin kh-alik.	Mouil liguéing khlip-guitkinn.	Niata.
Mouinéguit kinn moui-languin kh-alik.	Mouinguitkinn khlip-kinn.	Ménn namall.

VOCABULAIRE

DE

LA LANGUE KAMTSCHADALE,

à S.ᵗ Pierre & S.ᵗ Paul & à Paratóunka (a).

FRANÇOIS.	RUSSE.	KAMTSCHADALE.
Tableau de Saint.	Obraff.	Noukhtchatchitch.
Ifba, maifon Ruffe.	Ifba.	Kifout.
Fenêtre.	Okno.	Okno.
Table.	Stoll.	Ouzitor.
Poéle, fourneau.	Petch.	Patch.
Maifon fouterraine.	Iourta.	Kéntchitch.
Un Kamtfchadale.	Kamtfchadal.	Itolmatch.
Officier.	Afitfér.	Houizoutchitch.
Interprète.	Pérévodtfchik.	Ka aa toufs.
Traîneau.	Sanki.	Skaskatt.
Attele les chiens.	Japrégaï Sobaki.	Kozaps nouzak.
Harnois pour les chiens.	Alaki.	Tennemjeda.
Miroir.	Zerklo.	Quattchitch.
Eau.	Voda.	I, i.
Feu.	Ogonn.	Panitch.
Fais du feu.	Doftann ogonn.	Na anidakhtch.
Fufil.	Fouzeïa (*ou*) Roujié.	Koum.

(*a*) Quoique la langue qu'on parle dans ces deux endroits foit différente à Bolcheretsk, j'ai obfervé qu'on y comprenoit prefque tous les mots de ce vocabulaire.

FRANÇOIS.	RUSSE.	KAMTSCHADALE.
Bouteille.	Boutilka.	Souala.
Sac.	Méchok.	Maoutch.
Thé.	Tchaï.	Amtchaoujé.
Fourchettes.	Vilki.	Tchoumkouffi.
Cuiller.	Lochka.	Kachpa.
Couteau.	Nojik.	Vatchiou.
Affiette.	Torélka.	Trélika.
Nappe.	Scatért.	Iétakhatt.
Serviette.	Salfétka.	Toutkcha.
Pain.	Khléb.	Kop kom.
Vefte.	Kamzol.	Ikoumtnakh.
Culotte.	Schtani.	Kouaou.
Bas.	Tchoulki.	Païmann.
Bottes.	Sapogui.	Kotnokot.
Efpéce de botte de peaux de loup marin ou de pieds dé rennes.	Torbaffi.	Skhvanioud.
Soulier.	Bochmaki.	Konkot.
Chemife.	Roubachka.	Ourvann.
Gants.	Pértchaki.	Kikaskhroulid.
Bague.	Perfiénn.	Konnazoutchém.
Donne à manger.	Daï iéft.	Ségcha.
Donne à boire de l'eau.	Daï pitt vodi.	Kotkoii.
Papier.	Boumaga.	N, ks.
Livre.	Kniga.	Kalikol.
Taffe.	Tchachka.	Saja.
La tête.	Golova.	Tkhouzja.
Front.	Lop.	Tchikika.
Cheveux.	Veloffi.	Koubid.

FRANÇOIS.	RUSSE.	KAMTSCHADALE.
Yeux.	Glaza.	Nadid.
Nez.	Noss.	Kika.
Bouche.	Rot.	Kissa.
Mains.	Rouki.	Séttoud.
Pieds.	Nogui.	Tchkada.
Le corps.	Télo.	Konkhaï.
Sourcils.	Brovi.	Titdad.
Doigts,	Paltsi.	Pkida.
Ongles.	Nokhti.	Koud.
Joues.	Schtchoki.	Abalioud.
Cou.	Schéia.	Khaïtill.
Oreilles.	Ouchi.	I-ioud.
Épaules.	Plétcha.	Tanioud.
Bonnet.	Chapka.	Khalaloutch.
Ceinture.	Kouchak.	Sitit.
Aiguille.	Igla.	Chicha.
Dez.	Napérstok.	Oulioul.
Donne la main.	Daï roukou.	Kot kossoutou.
Prends ce présent.	Primi prézént.	Kamaïti.
Bien obligé.	Blagodarstvouiou.	Déléamoui.
Lave les chemises.	Vouimoui roubachki.	Kadmouikh.
Savon.	Mouilo.	Kadkhom.
Martre zibeline.	Sobol.	Komkom.
Renard.	Lissitsa.	Tchachiann.
Loutre,	Vouidra.	Mouichémouich.
Lièvre.	Ouchkann , Zaïts.	Mouis tchitch.
Hermine.	Gornostall.	Deitchitch.
Oie.	Gouss.	Ksoaïss.
Canard.	Outka.	Archimonss.

FRANÇOIS.	RUSSE.	KAMTSCHADALE°
Poule.	Kouritſa.	Kokorok.
Cygne.	Lébéd.	Maskhou.
Ours.	Medvéd.	Kaza.
Loup.	Volk.	Kotaioum.
Vache.	Korova.	Koouja.
Poiſſon.	Riba.	Étchiou.
Viande.	Méſſo.	Tatal.
Beurre.	Maſlo.	Kotkhom.
Lait.	Moloka.	Nokonn.
Donne vîte à manger.	Daï-iéſt-po-skoréié.	Kotkotakoſſask.
Donne vîte à boire.	Daï-pitt-poskoréie.	Tikoſſosk.
Mari.	Mouje.	Alkou.
Femme.	Baba, jéna.	Kanija.
Fille.	Défka.	Outchitchiou.
Petit enfant.	Malinnko robénok.	Paatchitch.
Eglife.	Tſérkov.	Takakijout.
Prêtre.	Pop.	Iakatchitch.
Femme du prêtre.	Popadiia.	Alnatſch.
Servant de l'églife.	Diatchok.	Diiatchok.
Luſtre de l'églife.	Padilo.	Kapoutchitch.
Un.	Iédinn.	Dizk.
Deux.	Dva.	Kaza.
Trois.	Tri.	Tſoko.
Quatre.	Tchétiré.	Tſak.
Cinq.	Pétt.	Koumnak.
Six.	Schéſt.	Kilkok.
Sept.	Sémm.	Idadok.
Huit.	Voſſemm.	Tſoktouk.
Neuf.	Dévétt.	Tſaktak.

FRANÇOIS.	RUSSE.	KAMTSCHADALE.
Dix.	Déssétt.	Koumoukhtoukh.
Onze.	Yédinn nadssét.	Dizkkina.
Douze.	Dva nassét.	Kachichina.
Treize.	Tri nadssét.	Tchokchina.
Quatorze.	Tchétiré nadssét.	Tchakchina.
Quinze.	Pett nadssét.	Koumnakchina.
Seize.	Schest nadssét.	Kilkoukchina.
Dix-sept.	Sém nadssét.	Paktoukchina.
Dix-huit.	Vossém nadssét.	Tchoktouk.
Dix-neuf.	Dévétt nadssét.	Tchaktak.
Vingt.	Dvatssét.	Koumkhtouk.
Cinquante.	Péttdéssét	Koumkhtoukha.
Cent.	Sto.	Koumkhtoukoumkhtou-kha.

Fin des Vocabulaires.

TABLE

Des indications de la seconde Partie.

Difficultés

Partie IIe   B b

FIN de la Table de la IIe Partie.

Fautes à corriger dans la seconde Partie.

PAGE 13, ligne 18, les rassura; il leur répondit; *lisez*, leur répondit.

Page 24, ligne 19, ont le même idiome; *lisez*, ont à peu-près le même idiome.

Page 35, ligne 2, Chégouiagua; *lisez*, Chegouiaga.

Ibid. ligne 6, des plus frugal; *lisez*, des plus frugals.

Page 37, ligne 14, qui pend au cou, *lisez*, qui prend au cou.

Page 66, ligne 18, cette Pourgua; *lisez*, cette Pourga.

Page 92, ligne 2, jamais aucune prière; *lisez*, aucune prière.

Page 143, ligne 7, ainsi par des montagnes; *lisez*, ainsi sur des montagnes.

Page 202 jusqu'à 224, il est mis en marge { 1788. Mai, Le 14. A Okotsk. } *lisez*, { 1788. Mai, 4 A Okotsk. }

Page 226, ligne 8, pendant mon séjour; *lisez*, durant mon séjour.

Page 253, ligne 4, chacun un isbas; *lisez*, chacun un isba.

Page 255, ligne 21, nos chevaux étoit; *lisez*, nos chevaux étoient.

Page 306, ligne 13, de ces maisons; *lisez*, de ses maisons.

Page 331, ligne 3, à Kransnoyark; *lisez*, à Krasnoyarsk.